身近でおこる 恐怖現象

本当に怖い話MAX《マックス》

あなたは、ひとりで読めますか…

日本縦断《にほんじゅうだん》・心霊《しんれい》スポット 恐怖《きょうふ》のうわさ話《ばなし》①

首《くび》なし地蔵《じぞう》

●東京都《とうきょうと》 H市《エイチし》

落《お》ちた地蔵《じぞう》の首《くび》をつけ直《なお》しても
つけ直《なお》しても、落《お》ちてしまうという地蔵《じぞう》。
ここは昔《むかし》、お堂《どう》を守《まも》っていたおばあさんが
殺《ころ》された後《あと》、お堂《どう》がくずれてしまい、
その後《ご》、殺《ころ》された女性《じょせい》がバラバラにされて
埋《う》められたというスポットである。
地蔵《じぞう》の首《くび》が落《お》ちるのは、いたずらであることが
わかったのだが、バラバラ事件《じけん》で首《くび》を
なくした女性《じょせい》の亡霊《ぼうれい》が、自分《じぶん》の首《くび》のかわりに
地蔵《じぞう》の首《くび》を取《と》る姿《すがた》が目撃《もくげき》されているとも

いわれる場所《ばしょ》である。

地元《じもと》で暮《く》らすA《エー》子《こ》さんの話《はなし》。
中学生《ちゅうがくせい》のとき、仲良《なかよ》しの女《おんな》の子《こ》と妹《いもうと》と三人《さんにん》で、首《くび》なし地蔵《じぞう》へ肝《きも》だめしに行《い》ったときのことです。
最後《さいご》の石段《いしだん》を上《あ》がりきると、問題《もんだい》のお堂跡《どうあと》になるのですが、さすがにその石段《いしだん》を上《あ》がるときは、みんなで固《かた》く手《て》をつなぎました。

……コツ……コツ　あれっ？

……コツン……コツン

上段《じょうだん》に近《ちか》づくにつれ、あきらかにみんなの足音《あしおと》とは違《ちが》う音《おと》が響《ひび》いてくるのです。

ゴツン…ゴツン　〝ゴツン〟

だれかが生《なま》つばを飲《の》んだその音《おと》で、みんなの目《め》が合《あ》い、三人《さんにん》いっしょに勢《いきお》いをつけて最後《さいご》の一段《いちだん》を上《あ》がりきったときです。

みんなが見《み》たのは、ピンクのワンピースを着《き》た女《おんな》の人《ひと》が赤《あか》い靴《くつ》で地蔵《じぞう》の首《くび》を蹴《け》っている姿《すがた》だったのです。

〝ギャ〜〜〜〟

A子《エーこ》さんが上《あ》げたさけび声《ごえ》で、三人《さんにん》は必死《ひっし》に階段《かいだん》をかけおりて、近《ちか》くの道路《どうろ》まで逃《に》げました。

A子《エーこ》「見《み》たよね？　絶対見《ぜったいみ》たよね？」

妹《いもうと》「見《み》た、見《み》た。」

女《おんな》の子《こ》「でも、まさか、地蔵《じぞう》の頭《あたま》を蹴《け》ってたなんて…。」

A子《エーこ》「違《ちが》うよ、地蔵《じぞう》の頭《あたま》じゃないよ。」

妹《いもうと》「えっ、じゃあ何《なに》を蹴《け》ってたの？」

A子《エーこ》「あの人《ひと》は、地蔵《じぞう》じゃなくて、**自分《じぶん》の頭《あたま》を蹴《け》ってたんだよ。**」

女《おんな》の子《こ》「どうしてわかったの？」

A子《エーこ》「だって、転《ころ》がる首《くび》を見《み》たらお姉《ねえ》さんの顔《かお》だったもん。それと、転《ころ》がってこっちを向《む》いたとき、あのお姉《ねえ》さんの顔《かお》、少《すこ》しだけ笑《わら》ってたよ。」

日本《にほん》縦断《じゅうだん》・心霊《しんれい》スポット

ヤモリ女《おんな》

恐怖《きょうふ》のうわさ話《ばなし》②

●東京都《とうきょうと》　S区《エスく》

もともとは墓場《はかば》だった場所《ばしょ》の下《した》に造《つく》られたトンネルなので、開通当初《かいつうとうしょ》から霊《れい》の目撃情報《もくげきじょうほう》が絶《た》えない場所《ばしょ》である。
また、この付近《ふきん》には有名《ゆうめい》な俳優一家《はいゆういっか》の生家《せいか》があり、トンネル開通後《かいつうご》は不運続《ふうんつづ》きだったという、都内《とない》でも有数《ゆうすう》の心霊《しんれい》スポットである。

S区在住《エスくざいじゅう》の兄妹《きょうだい》の話《はなし》
（T《ティー》くん・小学四年生《しょうがくよねんせい》、妹《いもうと》・小学二年生《しょうがくにねんせい》）

兄妹《きょうだい》は、この日《ひ》、家族《かぞく》で遊園地《ゆうえんち》に車《くるま》で遊《あそ》びに行《い》き、家《いえ》に向《む》かって走《はし》っているときでした。

"…そろそろだな"

そろそろとは
家《いえ》の近《ちか》くにあるトンネルのことで、
いつもこの場所《ばしょ》を通《とお》るときは
気味《きみ》の悪《わる》い感《かん》じがするのです。
でも違《ちが》う道路《どうろ》だとかなり遠回《とおまわ》りになるので、
お父《とう》さんに言《い》うこともできず、いつも
「いやだな…。」と、思《おも》っていました。
このときは、トンネルに入《はい》ると、
先《さき》の信号《しんごう》が赤《あか》だったようで
五《ご》、六台《ろくだい》の車《くるま》が止《と》まっていました。
最後尾《さいこうび》の大《おお》きな車《くるま》の後《うし》ろに車《くるま》を
つけたのですが、なかなか動《うご》かないので
お父《とう》さんがイライラしているとき、

妹《いもうと》の言《い》った一言《ひとこと》が
その夜《よる》の悪夢《あくむ》の始《はじ》まりとなったのです。

妹《いもうと》「ねえ、お兄《にい》ちゃん。
この人《ひと》、ちょっと変《へん》じゃない？」

妹《いもうと》の言葉《ことば》で外《そと》を見《み》ると、自分《じぶん》たちの
車《くるま》のそばに一人《ひとり》の女《おんな》が立《た》っていました。

妹《いもうと》「やっぱり変《へん》だよ。ねえ、この人《ひと》、
絶対《ぜったい》普通《ふつう》じゃないよ。」

妹《いもうと》が目《め》を見開《みひら》き、ブルブルと
震《ふる》え出《だ》しました。T《ティー》くんは妹《いもうと》のほうに
体《からだ》を傾《かたむ》けると、その女《おんな》を
よく見《み》ることができました。

雨《あめ》でもないのに全身《ぜんしん》がぬれていた（今思《いまおも》うと、
ぬれていたというより、ねばねばした液体《えきたい》で、
体《からだ》がヌルヌルしているような感《かん》じでした）
のも不気味《ぶきみ》だったのですが、
驚《おどろ》いたのはその顔《かお》です。
普通《ふつう》の人《ひと》の倍《ばい》くらいの
長《なが》さの顔《かお》が、
そこにあったのです。

T《ティー》くんも異常《いじょう》を感《かん》じたのですが、
前《まえ》の車《くるま》がゆっくりと動《うご》き始《はじ》めたので、
お父《とう》さんもアクセルを踏《ふ》みました。
すると、そのヌルヌルとした女《おんな》も
ゆっくりと歩《ある》き始《はじ》めたのです。
しばらくすると、何《なん》と陸上選手《りくじょうせんしゅ》の
ように両手《りょうて》をふって走《はし》り出《だ》しました。
女《おんな》が自分《じぶん》たちの車《くるま》を追《お》い抜《ぬ》き、
前《まえ》を走《はし》る大《おお》きな車《くるま》と並《なら》んだとき、

兄妹二人《きょうだいふたり》はさけび声《ごえ》をあげました。

「うわ…あ、あ…。」

女《おんな》はとびはね、両手両足《りょうてりょうあし》を使《つか》って

〝ベタリ〟

と、大《おお》きな車《くるま》の後《うし》ろの窓《まど》ガラスにくっついたのです。

それを見《み》たお父《とう》さんはびっくりして、思《おも》わずハンドルを切《き》り、車《くるま》は左右《さゆう》に方向《ほうこう》を失《うしな》って、トンネルの側壁《そくへき》にぶつかってしまいました。

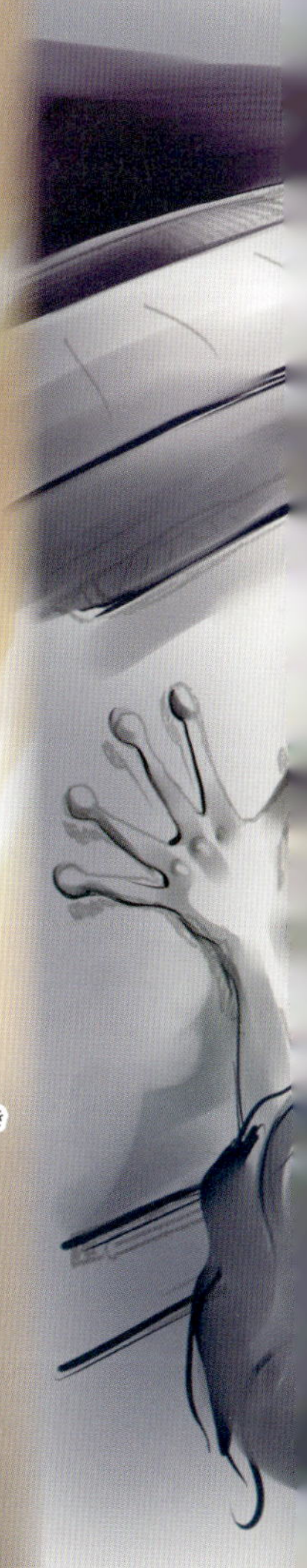

しばらくして気《き》がつくと、女《おんな》は消《き》えていました。

もし後《うし》ろから車《くるま》が来《き》ていたら、大《おお》きな事故《じこ》になっていたかもしれません。

お墓《はか》の下《した》に作《つく》られたトンネルなので、車《くるま》の騒音《そうおん》で休《やす》まらない霊《れい》が、女《おんな》の人《ひと》の姿《すがた》をして車《くるま》に取《と》り憑《つ》いているのでしょうか…。

車《くるま》にくっつくためか、女《おんな》の手《て》はヤモリのようにベタッとしていたという…。

日本縦断《にほんじゅうだん》・心霊《しんれい》スポット 恐怖《きょうふ》のうわさ話《ばなし》③

無灯火《むとうか》のバス

●埼玉県《さいたまけん》 国道《こくどう》

昼夜《ちゅうや》を問《と》わず交通量《こうつうりょう》の激《はげ》しい国道《こくどう》。
埼玉県《さいたまけん》を南北《なんぼく》に縦走《じゅうそう》する国道《こくどう》122号《ごう》も
そんな国道《こくどう》の一《ひと》つ。
特《とく》にA《エー》インター付近《ふきん》では、大型車両《おおがたしゃりょう》も目立《めだ》ち、
それだけに悲惨《ひさん》な交通事故《こうつうじこ》が
たびたびおこる場所《ばしょ》である。

埼玉県在住《さいたまけんざいじゅう》のK《ケー》くんの話《はなし》。
高校生《こうこうせい》のK《ケー》くんはサッカーが大好《だいす》きで、
部活《ぶかつ》はもちろんサッカー部《ぶ》。

K《ケー》くんの学校《がっこう》はA市《エーし》にあり、自宅《じたく》からは
自転車通学《じてんしゃつうがく》をしていました。通学《つうがく》に使《つか》う道《みち》は、
好《この》んで日本最大《にほんさいだい》のサッカー専用《せんよう》スタジアム
「埼玉《さいたま》スタジアム2002」のそばを
走《はし》りました。
交通量《こうつうりょう》はさほど多《おお》くはなかったのですが、
それでも何度《なんど》か国道《こくどう》122号《ごう》と並《なら》んで
走行《そうこう》する場所《ばしょ》がありました。
小《ちい》さくアップダウンを繰《く》り返《かえ》す道《みち》でしたが、
大《おお》きく分《わ》ければ、行《い》きは上《のぼ》りで帰《かえ》りは

下《くだ》りでした。帰《かえ》り道《みち》は部活《ぶかつ》で疲《つか》れた体《からだ》に風《かぜ》は気持《きも》ち良《よ》く、最高《さいこう》でした。

その日《ひ》も部活《ぶかつ》で遅《おそ》くなり、あたりはすでに暗《くら》くなっていました。いつもの下《くだ》り道《みち》、国道《こくどう》122号《ごう》に沿《そ》って走《はし》っていたとき、K《ケー》くんは不思議《ふしぎ》なことに気《き》がついたのです。

『あれ？　車《くるま》がいない。』

いつものすごい車《くるま》の数《かず》が、その日《ひ》に限《かぎ》って一台《いちだい》も走《はし》っていないのです。どうしたのかと考《かんが》えていたとき、ふと、昔《むかし》にあったひどい交通事故《こうつうじこ》のことを思《おも》い出《だ》しました。

『そういえば、あのときも車《くるま》が全然《ぜんぜん》走《はし》っていなかったっけ。後《うし》ろで事故《じこ》かな…。』

そんなことを考《かんが》えながら、家《いえ》に向《む》かって急《いそ》いでいると、しばらくして後《うし》ろから一台《いちだい》の車《くるま》が近《ちか》づいてきました。ふり向《む》くと、大型《おおがた》のバスがゆっくりとK《ケー》くんに向《む》かって走《はし》ってきたのです。事故《じこ》の交通規制《こうつうきせい》が終《お》わったんだと思《おも》った瞬間《しゅんかん》、K《ケー》くんはすぐにそのバスの異変《いへん》に気《き》がつきました。

そのバスは真《ま》っ暗《くら》でした。外側《そとがわ》も中《なか》も、ライトが全《まった》くついていません。

「回送《かいそう》のバスかな…？」
と思《おも》っているうちに、バスはK《ケー》くんの
自転車《じてんしゃ》のそばにぴったりと並《なら》んだのです。
そして、そのバスを見《み》たK《ケー》くんは、思《おも》わず
「あああぁぁぁぁ〜。」
と、さけんでしまいました。
何《なん》と、バスの運転席《うんてんせき》には、
だれもすわっていなかったのです。

おまけにそのバスは、K《ケー》くんの自転車《じてんしゃ》を
抜《ぬ》こうとはせずに並《なら》んで走《はし》ってくるのです。
まるで自転車《じてんしゃ》の速《はや》さに合《あ》わせているようです。

気味《きみ》の悪《わる》い
バスから
離《はな》れようと、
K《ケー》くんは
自転車《じてんしゃ》の
ハンドルを
しっかり
にぎりました。
自転車《じてんしゃ》を
止《と》めて気味《きみ》の悪《わる》いバスを見《み》ると、
バスはK《ケー》くんの自転車《じてんしゃ》から十《じゅう》メートルほど
先《さき》に停車《ていしゃ》しました。
すると、今度《こんど》はバスの乗車扉《じょうしゃとびら》が

〃プシューーーッ〃

という音《おと》とともに開《ひら》いたのです。

ドアの開《ひら》く音《おと》を聞《き》いたとき、まるで催眠術《さいみんじゅつ》でもかけられたかのように、体《からだ》が他人《たにん》のようになってしまいました。

「ヤバイ、絶対《ぜったい》にヤバイ。乗《の》っちゃいけない…、乗《の》っちゃいけない…。」

K《ケー》くんは心《こころ》の中《なか》で何度《なんど》もつぶやきましたが、K《ケー》くんの足《あし》は一歩《いっぽ》、また一歩《いっぽ》とバスの乗《の》り口《ぐち》へと進《すす》んでいってしまうのです。

バスの乗《の》り口《ぐち》の前《まえ》に来《く》ると、バスには

運転手《うんてんしゅ》も乗客《じょうきゃく》もだれも乗《の》っていません。

『これ、おかしいよ、
恐《こわ》いよ、恐《こわ》いよ…。』

自分《じぶん》の思《おも》いと違《ちが》って、K《ケー》くんの足《あし》がバスの乗《の》り口《ぐち》にかかろうとしたとき、

「乗《の》るな!!」

と、後《うし》ろから大《おお》きな声《こえ》がしたのです。

そこで、K《ケー》くんは気《き》がつきました。しかしK《ケー》くんがいた場所《ばしょ》は国道《こくどう》122号《ごう》ではなく、病院《びょういん》のベッドだったのです。

意識《いしき》のもどったK《ケー》くんを見《み》て看護師《かんごし》さんがにっこり笑《わら》っていました。

K《ケー》くんは部活《ぶかつ》の帰《かえ》り道《みち》で、ドライバーの脇見運転《わきみうんてん》による交通事故《こうつうじこ》に巻《ま》き込《こ》まれていたのです。

「あのときの声《こえ》は、たぶん父親《ちちおや》の声《こえ》だと思《おも》います。もちろん、後《あと》で知《し》ったんですけど、昏睡状態《こんすいじょうたい》のとき、ずっと父《ちち》が声《こえ》をかけてくれていたらしいです。

もどって来《こ》い…。」

とね。

日本《にほん》縦断《じゅうだん》・心霊《しんれい》スポット 恐怖《きょうふ》のうわさ話《ばなし》④

走《はし》る人形《にんぎょう》

●和歌山県《わかやまけん》 W市《ダブリューし》

W市《ダブリューし》には多《おお》くの人形《にんぎょう》が集《あつ》められて、
供養《くよう》されている神社《じんじゃ》がある。
人形《にんぎょう》は人《ひと》の形《かたち》をしているので、霊魂《れいこん》、特《とく》に
子《こ》どもの霊《れい》が移《うつ》りやすいともいわれている。
人形《にんぎょう》が供養《くよう》されている場所《ばしょ》では、
髪《かみ》の毛《け》が伸《の》びる人形《にんぎょう》や、
夜《よ》な夜《よ》な歩《ある》き回《まわ》る人形《にんぎょう》…。
また人形《にんぎょう》たちの何《なに》やらヒソヒソ話《ばなし》も
聞《き》こえてくることがあるともいわれている。

兵庫県在住《ひょうごけんざいじゅう》のU子《ユーこ》さんの話《はなし》。

家《いえ》にあったひな人形《にんぎょう》は、お姫様《ひめさま》とお内裏様《だいりさま》の二人《ふたり》だけだったので、U子《ユーこ》さんは三月三日《さんがつみっか》が近《ちか》づくたびに、両親《りょうしん》に六段飾《ろくだんかざ》りの豪華《ごうか》なひな人形《にんぎょう》セットをよくおねだりしていました。そのうちに、あこがれの六段飾《ろくだんかざ》りのひな人形《にんぎょう》セットが家《いえ》に届《とど》きました。

新《あたら》しいひな人形《にんぎょう》を買《か》ってもらったので、古《ふる》びたお姫様《ひめさま》とお内裏様《だいりさま》はいらなくなりました。

U子《ユーこ》さんは、お姫様《ひめさま》の十二《じゅうに》ひとえが気《き》に入《い》っていたので、十二《じゅうに》ひとえを脱《ぬ》がせて、はだかになったお姫様《ひめさま》の人形《にんぎょう》をお内裏様《だいりさま》といっしょに、庭《にわ》の隅《すみ》の物置小屋《ものおきごや》の中《なか》に放《ほう》り込《こ》みました。その物置小屋《ものおきごや》には、いらなくなった物《もの》や捨《す》てる物《もの》が乱雑《らんざつ》に置《お》かれていました。

……その晩《ばん》から、
あの悪夢《あくむ》が始《はじ》まったのです。

夢《ゆめ》の中《なか》でU子《ユーこ》さんは、いつも夢中《むちゅう》で逃《に》げるはだかの人形《にんぎょう》を追《お》いかけているのです。追《お》いかけても追《お》いかけても、

人形《にんぎょう》は〝ケラケラ〟と
気味《きみ》の悪《わる》い笑《わら》い声《ごえ》を
あげて、部屋中《へやじゅう》を

逃《に》げ回《まわ》るのです。

人形《にんぎょう》との鬼《おに》ごっこはいつまでも続《つづ》いて、
いつも捕《つか》まえられないまま夢《ゆめ》は終《お》わって
しまいます。そして、夢《ゆめ》は一日《いちにち》たつごとに
だんだんとひどくなっていくのです。
夢《ゆめ》の中《なか》のU子《ユーこ》さんは、
人形《にんぎょう》を捕《つか》まえるための道具《どうぐ》を
虫取《むしと》り網《あみ》からおもちゃのピストルに変《か》え、
十日目《とおかめ》になると、U子《ユーこ》さんの手《て》は
包丁《ほうちょう》を握《にぎ》っていました。そして、その次《つぎ》には

逃《に》げるはだかの人形《にんぎょう》の
髪《かみ》の毛《け》は燃《も》え、

その火《ひ》は逃《に》げるたびにカーテンやテーブルの
新聞《しんぶん》に移《うつ》ってしまうのです。
夢《ゆめ》の中《なか》で、U子《ユーこ》さんは必死《ひっし》に火《ひ》を消《け》して、
火《ひ》を消《け》しながらもはだかの人形《にんぎょう》を
追《お》いかけていました。
毎晩《まいばん》、U子《ユーこ》さんがうなされているのを
心配《しんぱい》した両親《りょうしん》がU子《ユーこ》さんの話《はなし》を聞《き》いて、
人形《にんぎょう》を供養《くよう》することにしました。
ところが、物置小屋《ものおきごや》にお内裏様《だいりさま》は
あったのですが、はだかのお姫様《ひめさま》は
どこにもなく、小屋《こや》の中《なか》を
くまなく探《さが》しましたが、
とうとう見《み》つからなかったのです。
それからU子《ユーこ》さんは、
中学生《ちゅうがくせい》に
なった頃《ころ》には
いつしか人形《にんぎょう》の夢《ゆめ》も
見《み》なくなり、
夢《ゆめ》のこともすっかり
忘《わす》れていました。
しかし、
最近《さいきん》になって、

気《き》になることがおこり始《はじ》めたのです。
三月三日《さんがつみっか》が近《ちか》づき、U子《ユーこ》さんは、
またあの夢《ゆめ》を見《み》るようになりました。
服《ふく》を着《き》ていないお姫様《ひめさま》の人形《にんぎょう》と
鬼《おに》ごっこをする夢《ゆめ》です。
U子《ユーこ》さんは、おびえた表情《ひょうじょう》で言《い》いました。
「今度《こんど》は、逃《に》げているのは
私《わたし》のほうなんです。」
あのとき、おひな様《さま》を
大切《たいせつ》にあつかってあげていたら、
U子《ユーこ》さんが悪夢《あくむ》に苦《くる》しめられることは
なかったでしょう…。

日本《にほん》縦断《じゅうだん》・心霊《しんれい》スポット　恐怖《きょうふ》のうわさ話《ばなし》⑤

廃線《はいせん》をさまよう影《かげ》

●関西地方《かんさいちほう》

電車《でんしゃ》が運行《うんこう》していたのは何十年《なんじゅうねん》も前《まえ》までで、他《ほか》の路線《ろせん》と同様《どうよう》にここも赤字《あかじ》が続《つづ》いたために廃線《はいせん》となり、市民《しみん》の足《あし》はバスへと変《か》わった。これは、その廃線《はいせん》のS《エス》という踏切《ふみきり》でおこったできごとである。

N《エヌ》市在住《しざいじゅう》のY《ワイ》子《こ》さんの話《はなし》。

高校二年生《こうこうにねんせい》のY《ワイ》子《こ》さんは、将来《しょうらい》は看護師《かんごし》になりたい夢《ゆめ》を持《も》っています。

これから話《はな》すことは、Y《ワイ》子《こ》さんが中学生《ちゅうがくせい》で自転車通学《じてんしゃつうがく》をしていたときの恐《おそ》ろしい体験《たいけん》です。

夏《なつ》の暑《あつ》い日《ひ》でした。でも、夕方《ゆうがた》になると毎日《まいにち》のように夕立《ゆうだち》がやってきます。

その日《ひ》も、途中《とちゅう》で雨宿《あまやど》りをしていたのですが、雨《あめ》がいつもより長《なが》く降《ふ》り続《つづ》いたので、帰《かえ》る頃《ころ》にはかなり薄暗《うすぐら》くなってしまいました。

家《いえ》に帰《かえ》る途中《とちゅう》には、踏切《ふみきり》S《エス》があります。

廃線後《はいせんご》の踏切《ふみきり》なので、

電車《でんしゃ》に注意《ちゅうい》することなく踏切《ふみきり》を自転車《じてんしゃ》で突《つ》っ切《き》ろうとしたときです。
踏切内《ふみきりない》の線路脇《せんろわき》に男《おとこ》の人《ひと》がしゃがみこんでいるのが目《め》に入《はい》りました。
何《なに》か落《お》とし物《もの》でもしたのだろうと思《おも》って、あまり気《き》にかけずその日《ひ》は帰宅《きたく》しました。
次《つぎ》の日《ひ》も下校時《げこうじ》は夕立《ゆうだち》でした。
ただこの日《ひ》は、雨《あめ》は学校《がっこう》を出《で》るときから降《ふ》っていたので、レインコートを着《き》てペダルをこいでいました。
踏切《ふみきり》S《エス》が近《ちか》づいてきました。踏切内《ふみきりない》に入《はい》ると、昨日《きのう》と同《おな》じ場所《ばしょ》に背《せ》を向《む》けてしゃがみこんでいる人《ひと》がいます。服装《ふくそう》は灰色《はいいろ》の作業着《さぎょうぎ》のようなものを着《き》ています。
しぐさが何《なに》か探《さが》し物《もの》をしているようだったので、Y《ワイ》子《こ》さんは声《こえ》をかけようとしてその男《おとこ》の人《ひと》に近《ちか》づきました。

「……、……、……。」

男《おとこ》の人《ひと》は何《なに》かブツブツささやいています。

「あのう、何《なに》か落《お》とし物《もの》ですか？」

「……、……、……。」

男《おとこ》の人《ひと》の返事《へんじ》はありません。

「あの、いっしょにお手伝《てつだ》いしましょうか？」

今度《こんど》は少《すこ》し大《おお》きい声《こえ》でY《ワイ》子《こ》さんは問《と》いかけてみました。

「…な、い…。」「…な、い…。」

Y子《ワイこ》さんには、たしかに
「…な、い…。」と、聞《き》こえました。
でも、こちらに背《せ》を向《む》けて
しゃがみこんでいて、悪《わる》いことに雨《あめ》による
霧《きり》で男《おとこ》の人《ひと》の顔《かお》を見《み》ることができません。
Y子《ワイこ》さんは急《きゅう》に怖《こわ》くなってきました。

「…な、い…腕《うで》…。」
「…な、い…右《みぎ》…。」
「…右《みぎ》、…右《みぎ》…。」

あたりが暗《くら》くなってきました。雨《あめ》の中《なか》、
男《おとこ》の人《ひと》をよく見《み》ると、作業着《さぎょうぎ》の右腕《みぎうで》の袖《そで》は、
ひじのあたりで切《き》れていて、
血《ち》でべっとりとぬれていました。
Y子《ワイこ》さんは、恐怖《きょうふ》のあまり踏切《ふみきり》に
しゃがみこんでしまいました。
そのとき、後《うし》ろから声《こえ》がしたのです。
「Y子《ワイこ》なの？」
声《こえ》のほうを向《む》くと、そこには仕事帰《しごとがえ》りの

Y《ワイ》子《こ》さんのお母《かあ》さんがかさをさして
立《た》っていました。
Y《ワイ》子《こ》さんが夢《む》中《ちゅう》でお母《かあ》さんにかけよると、
お母《かあ》さんもしゃがみこむ男《おとこ》の人《ひと》がいるのに
気《き》がついたようです。
男《おとこ》の人《ひと》を恐《おそ》る恐《おそ》る見《み》ると、男《おとこ》の人《ひと》の体《からだ》は
透《す》けていて、線《せん》路《ろ》に生《は》える雑《ざっ》草《そう》が体《からだ》を
通《とお》して霧《きり》の中《なか》でもはっきり見《み》えたのです。
Y《ワイ》子《こ》さんとお母《かあ》さんは、
かさも自《じ》転《てん》車《しゃ》も置《お》いて、
その場《ば》から走《はし》って逃《に》げました。
その夜《よ》、帰《き》宅《たく》したお父《とう》さんが
かさと自《じ》転《てん》車《しゃ》を回《かい》収《しゅう》してきてくれました。

Y《ワイ》子《こ》さんのおばあさんの話《はなし》では、
過《か》去《こ》に踏《ふみ》切《きり》S《エス》で右《みぎ》手《て》を切《せつ》断《だん》された
死《し》亡《ぼう》事《じ》故《こ》があったそうです。
現《げん》在《ざい》、線《せん》路《ろ》は全《すべ》て取《と》り払《はら》われ、
踏《ふみ》切《きり》S《エス》も今《いま》はありません。

日本《にほん》縦断《じゅうだん》・心霊《しんれい》スポット
恐怖《きょうふ》のうわさ話《ばなし》⑥

霊《れい》が呼《よ》ぶ、双子《ふたご》の木《き》

●山梨県《やまなしけん》 A樹林《エーじゅりん》

山梨県《やまなしけん》と静岡県《しずおかけん》の県境《けんざかい》に広《ひろ》がる広大《こうだい》な森《もり》。

今《いま》も自殺《じさつ》を目的《もくてき》に、この樹林《じゅりん》に入《はい》る人《ひと》がいるという。死体《したい》は、野犬《やけん》などに食《く》われてしまうなどして発見《はっけん》されないこともある。

この樹林《じゅりん》では、方位磁石《ほういじしゃく》は役《やく》に立《た》たたない。

緑豊《みどりゆた》かな場所《ばしょ》なのに、鳥《とり》の姿《すがた》をあまり見《み》ないことが不気味《ぶきみ》さをいっそう引《ひ》き立《た》てている。


自殺者《じさつしゃ》を取材《しゅざい》したA《エー》さんの話《はなし》。

テレビ番組《ばんぐみ》の制作会社《せいさくがいしゃ》にいるA《エー》さんは、かつてこの樹林《じゅりん》を取材《しゅざい》したとき、偶然《ぐうぜん》に樹林《じゅりん》に入《はい》っていく若者《わかもの》を見《み》つけました。自殺《じさつ》するのではないかと思《おも》って、止《と》めようと必死《ひっし》になって後《あと》を追《お》いましたが、うっそうとした森《もり》の中《なか》で若者《わかもの》を見失《みうしな》ってしまったのです。それから、警察官《けいさつかん》、地元《じもと》ボランティアの人《ひと》たちとA《エー》さんたち取材《しゅざい》の人《ひと》が、若者《わかもの》の捜索《そうさく》を始《はじ》めました。

A《エー》さんが若者《わかもの》を見失《みうしな》った場所《ばしょ》にみんなを
案内《あんない》したときはすでに夕方《ゆうがた》です。
山《やま》の日暮《ひぐ》れは早《はや》いので、どうしようかと
考《かんが》えていたとき、一人《ひとり》の地元《じもと》ボランティアが
「…ここからだと、
たぶん…双子《ふたご》の木《き》…だろう。」
と言《い》って歩《ある》きだしたのです、
双子《ふたご》の木《き》!? 確《たし》かにA《エー》さんには
そう聞《き》こえましたが、まるで意味《いみ》が
わかりませんでした。二十分《にじっぷん》ぐらい歩《ある》くと、
曲《ま》がりくねった道《みち》のところに二本《にほん》の木《き》が
いきなり現《あらわ》れたのです。その二本《にほん》がまるで
鏡《かがみ》に写《うつ》したようにそっくりでした。

少《すこ》し枯《か》れている感《かん》じの白《しろ》い木《き》で、
みがかれた大理石《だいりせき》のように白《しろ》く、
ハンディライトなしでは歩《ある》けない闇《やみ》の中《なか》でも、
キラキラと光《ひか》っていたのです。
ボランティアの人《ひと》が「この奥《おく》だ。」と
言《い》いました。
A《エー》さんが進《すす》もうとすると、
そのボランティアの人《ひと》に
「あなたはここにいたほうがいい。」
と、言《い》われました。
ボランティアの人《ひと》と警察官《けいさつかん》たちが熊笹《くまざさ》の中《なか》を
分《わ》けて進《すす》み、二本《にほん》の木《き》の奥《おく》へと消《き》えました。
しばらくすると、やぶの奥《おく》から

「おーい、おーい、生《い》きてるぞー。」と、警察官《けいさつかん》の声《こえ》がします。A《エー》さんは思《おも》わず走《はし》り出《だ》しました。若者《わかもの》は睡眠薬《すいみんやく》を多量《たりょう》に飲《の》み、青白《あおじろ》い顔《かお》をしていたのですが、手遅《てお》れではなかったのです。間一髪《かんいっぱつ》、助《たす》けることができました。
翌日《よくじつ》、改《あらた》めて現場《げんば》を見《み》たくなったA《エー》さんは、昨夜《さくや》のボランティアの人《ひと》に、あの双子《ふたご》の木《き》へと案内《あんない》してもらいました。明《あか》るい日差《ひざ》しの中《なか》、昨夜《さくや》と同《おな》じ場所《ばしょ》に二本《にほん》の木《き》はありました。
その奥《おく》へ入《はい》ったとき、A《エー》さんはびっくりしました。昨夜《さくや》は暗《くら》くて何《なに》も見《み》えませんでしたが、今《いま》はその場所全体《ばしょぜんたい》がよく見《み》えます。あちこちに散《ち》らばっている薬《くすり》の袋《ふくろ》やくつがありました。それが一《ひと》つや二《ふた》つではないのです。それに片方《かたほう》ずつのくつもいっぱい散《ち》らばっていました。いったい、ここで何人《なんにん》の人《ひと》たちが

自《みずか》らの命《いのち》を絶《た》ったのだろう？
A《エー》さんは悲《かな》しくなってきました。
ボランティアの人《ひと》が荷物《にもつ》に混《ま》じって転《ころ》がっている薬《くすり》のビンを見《み》て、ポツリと言《い》いました。
「…双子《ふたご》の木《き》はお墓《はか》なんだよ。きっと、
みんな一人《ひとり》で悩《なや》んで、一人《ひとり》ぼっちで
だれにも気《き》づかれないで死《し》にたくなって
ここに来《く》るんだろう。でも、やっぱり
気持《きも》ちのどこかでは見《み》つけてほしいんだよ。
だれでもいいから…。」

ここで死《し》んだ人《ひと》たちの霊《れい》が、
新《あら》たな自殺者《じさつしゃ》をここへと
呼《よ》びよせるのか…または、
さまよう亡霊《ぼうれい》があの
双子《ふたご》の木《き》を生《は》やしたのか…、
…だれにもわからない…。

日本縦断《にほんじゅうだん》・心霊《しんれい》スポット 恐怖《きょうふ》のうわさ話《ばなし》⑦

ついてきた罪人《ざいにん》

昔《むかし》は、今《いま》ほど捜査《そうさ》の技術《ぎじゅつ》は発達《はったつ》していなかったので、無実《むじつ》の人《ひと》が罰《ばっ》せられることも多《おお》かったという。
この処刑場跡地《しょけいじょうあとち》では、罪人《ざいにん》はもとより、拷問《ごうもん》や処刑《しょけい》で亡《な》くなった多《おお》くの無実《むじつ》の人《ひと》たちの無念《むねん》な悲《かな》しみや怒《いか》りが怨霊《おんりょう》となり、その霊《れい》の目撃《もくげき》が絶《た》えない。

島根県在住《しまねけんざいじゅう》のO《オー》くん（小学五年生《しょうがくごねんせい》）の話《はなし》。

●島根県《しまねけん》　O市《オーし》

これはO《オー》くんが、春休《はるやす》みに親戚《しんせき》のお兄《にい》さんのところに遊《あそ》びに行《い》ったときの体験《たいけん》です。

お兄《にい》さんは、前《まえ》の日《ひ》に、学生時代《がくせいじだい》の友人《ゆうじん》と、ドライブのついでに肝《きも》だめしをしてきたことを話《はな》してくれました。

行《い》った場所《ばしょ》は島根県《しまねけん》の処刑場跡地《しょけいじょうあとち》です。

ここは地元《じもと》では有名《ゆうめい》な心霊《しんれい》スポットで、多《おお》くの人《ひと》が霊《れい》を見《み》たという話《はなし》がある所《ところ》として知《し》られているそうです。

でもお兄《にい》さんは、肝《きも》だめしに行《い》くことは

あまり気《き》のりがしなかったらしいのです。
人《ひと》がたくさん亡《な》くなっている
あのような場所《ばしょ》に、
興味《きょうみ》やひやかしで見《み》に行《い》くことは
よくないと…。これから、何《なに》かたたりが
あったら怖《こわ》いよと、
真剣《しんけん》な顔《かお》をして言《い》いました。

ファミリーレストランで食事《しょくじ》をした後《あと》、
お兄《にい》さんの住《す》むマンションに向《む》かいました。
お兄《にい》さんの部屋《へや》は二階《にかい》の一番奥《いちばんおく》です。
鉄骨《てっこつ》の階段《かいだん》を上《あ》がり、
コンクリートのろう下《か》を歩《ある》いて、

一番奥《いちばんおく》の部屋《へや》のドアを開《あ》け、
部屋《へや》に入《はい》って、明《あ》かりをつけました。
無事《ぶじ》にお兄《にい》さんのところに
ついたことを両親《りょうしん》に知《し》らせようと
携帯《けいたい》を手《て》にしたときです…。

〝コン〟〝コン〟〝コン〟
〝コン〟〝コン〟〝コン〟

「ん？」
部屋《へや》の外《そと》のろう下《か》あたりから、
何《なに》か音《おと》が聞《き》こえてきました。

〝コン〟〝コン〟〝コン〟〝コン〟〝コン〟

「……？」

〝コン〟〝コン〟〝コン〟〝コン〟〝コン〟〝コン〟
だれかが、コンクリートの床面《ゆかめん》を
行《い》ったり来《き》たりしているような音《おと》です。
しばらくすると、
〝コン〟〝コン〟〝コン〟
〝ドン！〟
と、各部屋《かくへや》のドアをたたくような音《おと》が
聞《き》こえてきました。
不思議《ふしぎ》に思《おも》ったお兄《にい》さんとO《オー》くんが、
隣《となり》の台所《だいどころ》に行《い》って玄関《げんかん》を見《み》たときです。
〝ドオオーン〟
今度《こんど》は、自分《じぶん》たちの部屋《へや》のドアに何《なに》かが
ぶつかってきました。
〝コン〟〝コン〟〝コン〟〝コン〟〝コン〟〝コン〟
音《おと》はいつまでたってもやみません。
玄関《げんかん》に行《い》って恐《おそ》る恐《おそ》るドアのノブを回《まわ》して、
ドアを開《ひら》いたとき、二人《ふたり》の目《め》の前《まえ》に
『それ』が現《あらわ》れたのです。
お兄《にい》さんは青《あお》ざめ、
O《オー》くんは怖《こわ》さのあまり玄関《げんかん》に
へたへたとすわりこんでしまいました。
ろう下《か》の先《さき》にいた『それ』には、
何《なん》と首《くび》がなくて…、ヒジを使《つか》って
ろう下《か》をはいずり回《まわ》っていたのです。
〝コン〟〝コン〟と響《ひび》いていた音《おと》は、

はいずるときにヒジがコンクリートを打《う》つ音《おと》だったのです。

とっさにお兄《にい》さんは、ドアを閉《し》めました。

しかし、このときドアを閉《し》めた音《おと》がいけなかったのか、音《おと》に気《き》づいた『それ』は、今度《こんど》は二人《ふたり》のいる部屋《へや》のドアだけをたたき始《はじ》めました。

〝ドオオンドオオン〟。

お兄《にい》さんは必死《ひっし》にドアノブをつかみ、

『入《はい》られたら最後《さいご》だ……。

入《はい》られたら最後《さいご》だ……。』と思《おも》い

〝ガチガチ〟と歯《は》を震《ふる》わせながら
ドアを押《お》さえていました。
どれくらいたったでしょうか、
二人《ふたり》はすごく長《なが》い時間《じかん》のような気《き》がしました。
〝カツンカツン〟と鉄骨《てっこつ》の階段《かいだん》を
上《あ》がってくる音《おと》がしてきました。

「何《なん》だよ、これ？　ビショビショだよ。」と
言《い》う声《こえ》が聞《き》こえてきました。その声《こえ》に、
恐《おそ》る恐《おそ》るゆっくりとドアを開《ひら》くと、
ろう下《か》にはすでに『それ』はいなくて、
まるで豪雨《ごうう》にでもあったかのように
ぬれたろう下《か》に隣《となり》の住人《じゅうにん》が
立《た》っているだけでした。
O《オー》くんの話《はなし》。
『ろう下《か》で、こっちをふり向《む》いたんです。
そして、お兄《にい》さんをにらみつけました。』
不思議《ふしぎ》なことに、霊《れい》は首《くび》がなくても、
怨《うら》んだ相手《あいて》を、にらむようです。

★「日本縦断《にほんじゅうだん》・心霊《しんれい》スポット恐怖《きょうふ》のうわさ話《ばなし》」の後編《こうへん》は172ページ〜192ページにあります。

身近《みぢか》でおこる恐怖現象《きょうふげんしょう》
本当《ほんとう》に怖《こわ》い話《はなし》 MAX《マックス》

もくじ

学《がっ》校《こう》でおこった怖《こわ》い話《はなし》

全《ぜん》6話《わ》

授業《じゅぎょう》や運動《うんどう》で楽《たの》しい声《こえ》がとびかう毎日《まいにち》の学校《がっこう》で、
あなただけが気《き》がつかない不思議《ふしぎ》で怖《こわ》い
できごとがおこっているかもしれません…。
そんな不思議《ふしぎ》で怖《こわ》いことが、今日《きょう》にも
あなたのそばでおこるかもしれません…。
そして、みんなが帰《かえ》った後《あと》の静《しず》かな学校《がっこう》には、
別《べつ》の世界《せかい》が始《はじ》まっているかも…。

学校《がっこう》でおこった怖《こわ》い話《はなし》

第《だい》1話《わ》

一番《いちばん》のり

「やった！　一番《いちばん》のりだ‼」

その日《ひ》、淳史《あつし》くんは、早起《はやお》きしたおかげで、自分《じぶん》の教室《きょうしつ》に一番《いちばん》のりしました。

いつもはにぎやかな教室《きょうしつ》です。

でも早朝《そうちょう》の室内《しつない》は、シーンと静《しず》まりかえっていて、外《そと》からは、早朝練習《そうちょうれんしゅう》をする運動部《うんどうぶ》の生徒《せいと》たちの声《こえ》がかすかに聞《き》こえるだけ…。

淳史《あつし》くんは、とりあえず自分《じぶん》の席《せき》にすわりました。

「早《はや》く着《つ》いたのはいいけど、何《なに》をしようかな。」

授業《じゅぎょう》が始《はじ》まるまで、まだかなりの時間《じかん》があり、
クラスメートたちが来《く》る気配《けはい》もありません。
「何《なん》だよ、つまんないなあ。だれか来《く》るまで寝《ね》て待《ま》つかな。」
淳史《あつし》くんは、早起《はやお》きしたせいもあってか、
つくえに顔《かお》をうずめると、すぐにウトウトし始《はじ》めました。

それから、どれくらいたってからでしょうか……。
寝《ね》ていた淳史《あつし》くんの耳《みみ》に

〝フ〜〜〜〜〜〜〜ッ！〟と、
ロウソクの火《ひ》を消《け》すような長《なが》い息《いき》が吹《ふ》きかかりました！
長《なが》い息《いき》は、顔《かお》にねばりつくようです。
淳史《あつし》くんは、

『だれだ！』と心《こころ》でさけびましたが、体《からだ》が動《うご》きません。
目《め》だけで、あたりを見回《みまわ》すと…。
何《なん》と、女《おんな》の顔《かお》の形《かたち》をした白《しろ》いモヤのようなものが
天井《てんじょう》にただよっていました。
そして、女《おんな》の顔《かお》は突然《とつぜん》！「ああああああ……。」と、
うめきながら淳史《あつし》くんのほうにせまってきました。
ゾッと寒気《さむけ》がした淳史《あつし》くんは、はうようにして
だれもいない教室《きょうしつ》から逃《に》げ出《だ》し、家《いえ》まで全力《ぜんりょく》で走《はし》りました。

うわさによると、この学校《がっこう》は、もともと
墓場《はかば》だった場所《ばしょ》をこわして建《た》てたそうです。
あなたの学校《がっこう》も、もしかすると墓場《はかば》だったかもしれませんよ…。

学校《がっこう》でおこった怖《こわ》い話《はなし》 第《だい》2話《わ》

背《せ》中《なか》にいたのは…!?

私《わたし》（真由《まゆ》）の隣《となり》のクラスの英介《えいすけ》くんは、霊感《れいかん》があるみたい。

学年《がくねん》で公園《こうえん》に写生会《しゃせいかい》に行《い》ったとき、公園《こうえん》のベンチを指《ゆび》さして

「お年寄《としよ》りが三人《さんにん》すわっている
あそこのベンチに四人目《よにんめ》がいるよ…。
女《おんな》の人《ひと》がうつむいて、三人《さんにん》について
行《い》こうとしているんだ…。」と、

見《み》えている幽霊《ゆうれい》の実況中継《じっきょうちゅうけい》をしてくれます。

そんな英介《えいすけ》くんと、昼休《ひるやす》みに学校《がっこう》のろう下《か》を歩《ある》いていたときのことでした。

私《わたし》のクラスの担任《たんにん》・田沢先生《たざわせんせい》が、私《わたし》たちのところにやってきて、いつものように気《き》さくに声《こえ》をかけてきました。

私《わたし》は普通《ふつう》に会話《かいわ》していたのですが、英介《えいすけ》くんはどうも

落《お》ち着《つ》かないようすで
なぜか、あまり田沢先生《たざわせんせい》と
視線《しせん》を合《あ》わそうとしません。
話《はなし》を終《お》えた田沢先生《たざわせんせい》が、
職員室《しょくいんしつ》のほうに歩《ある》いていきました。
英介《えいすけ》くんに
「どうしたの？」とたずねると、
「…そうか、真由《まゆ》には
見《み》えないんだったな。」
「えっ？」
英介《えいすけ》くんはこう続《つづ》けました。
「オレは隣《となり》のクラスだから、

田沢先生《たざわせんせい》の姿《すがた》をじっくり見《み》たのは
久々《ひさびさ》だったんだけどさ…。
田沢先生《たざわせんせい》の背中《せなか》に…、
女《おんな》の人《ひと》がおぶさってたんだよ。
長《なが》い髪《かみ》で顔《かお》は隠《かく》れてたけど、
オレ、目《め》が合《あ》いそうだったんで…。」
田沢先生《たざわせんせい》は、英介《えいすけ》くんの右横《みぎよこ》に立《た》って
いたので、
英介《えいすけ》くんは右半身《みぎはんしん》だけ、

ずっと寒気《さむけ》がしていた
そうです。

英介《えいすけ》くんは、たまらずに場所《ばしょ》を変《か》えました。
もちろん、私《わたし》には何《なに》も見《み》えませんでした。
それから数日後《すうじつご》…。
英介《えいすけ》くんと休憩時間《きゅうけいじかん》にいっしょにいると、
また田沢先生《たざわせんせい》がやってきて、
「いやぁ…最近《さいきん》さぁ。
何《なん》かすっごい疲《つか》れるんだよね…。」

気《き》のせいか顔色《かおいろ》が悪《わる》いみたい…。
田沢先生《たざわせんせい》の姿《すがた》を見《み》て、
『先日《せんじつ》、英介《えいすけ》くんが見《み》たものは、
まだ後《うし》ろにいるのかな？』と思《おも》い
会話《かいわ》を早《はや》く終《お》わらせ、
先生《せんせい》と別《わか》れました。

するとすぐに英介《えいすけ》くんが
真《ま》っ青《さお》な顔《かお》で、私《わたし》に言《い》いました。

「真由《まゆ》、やばい！」

「え、何《なに》？　後《うし》ろの女《おんな》の人《ひと》のこと？」

「い、いや…それが…。」

「…何《なに》？」

「…増《ふ》えてるんだよ…、
二人《ふたり》もおぶさってるん
だよ…！」

恐《おそ》ろしいことに、
田沢先生《たざわせんせい》の背中《せなか》におぶさっていた
女《おんな》の幽霊《ゆうれい》の上《うえ》に、もう一人《ひとり》別《べつ》の女《おんな》の幽霊《ゆうれい》が
しがみついているというのです！

二人《ふたり》とも長《なが》い髪《かみ》と
手《て》をたらして
重《かさ》なるように
田沢先生《たざわせんせい》の背中《せなか》に
のしかかっている…。

「あのままだったら、
田沢先生《たざわせんせい》やばいんじゃないかな…。」

遠《とお》くから田沢先生《たざわせんせい》を見《み》ながら、
英介《えいすけ》くんはつぶやきました。

職員室《しょくいんしつ》のデスクにすわった
田沢先生《たざわせんせい》の頭《あたま》の上《うえ》に
二《ふた》つの女《おんな》の頭《あたま》が並《なら》んでいる……。
そんな光景《こうけい》がしばらく
続《つづ》いたそうです。

それから二週間《にしゅうかん》ほどたったある日《ひ》……。
英介《えいすけ》くんがびっくりした顔《かお》で
私《わたし》のところに
かけ寄《よ》ってきました。

「真由《まゆ》、消《き》えた！二人《ふたり》ともいないぞ！」

田沢先生《たざわせんせい》の背中《せなか》から
女《おんな》の幽霊《ゆうれい》たちが消《き》えたのです。
私《わたし》たちは、
田沢先生《たざわせんせい》に何《なに》があったのか気《き》になり、
それとなく話《はな》しかけてみました。
すると…
「いやぁ、やっと引《ひ》っ越《こ》したんだよ。
忙《いそが》しいなか、準備《じゅんび》していたので
最近体調《さいきんたいちょう》が悪《わる》かったけど、
だいぶ落《お》ち着《つ》いてきたよ。」

田沢先生《たざわせんせい》の表情《ひょうじょう》は、
以前《いぜん》とは違《ちが》い血色《けっしょく》もよく健康的《けんこうてき》です。
もちろん英介《えいすけ》くんも
寒気《さむけ》を感《かん》じることはありません。
「引《ひ》っ越《こ》し先《さき》まで追《お》っかけられなかった
みたいだから、あの二人《ふたり》の幽霊《ゆうれい》は、
家《いえ》についていたモノだったのかな。」
英介《えいすけ》くんは笑《わら》ってそう言《い》いました。
その後《ご》、英介《えいすけ》くんが見《み》たかぎり、
田沢先生《たざわせんせい》の背中《せなか》に何《なに》かがおぶさることは
なかったそうです。
あなたは、最近《さいきん》、背中《せなか》が重《おも》たいと
感《かん》じたことはないですか…。

体育館《たいいくかん》のピアノ

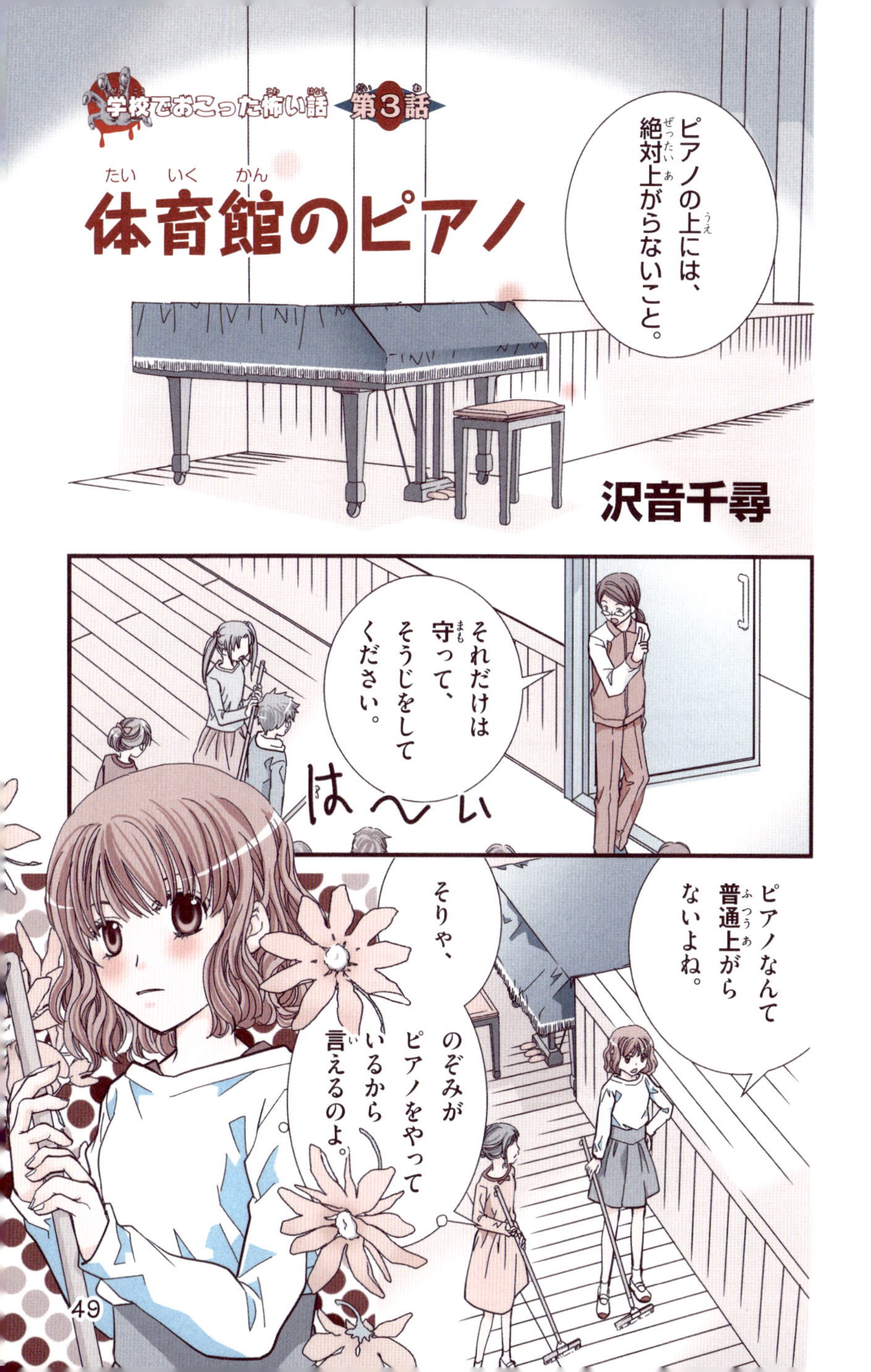

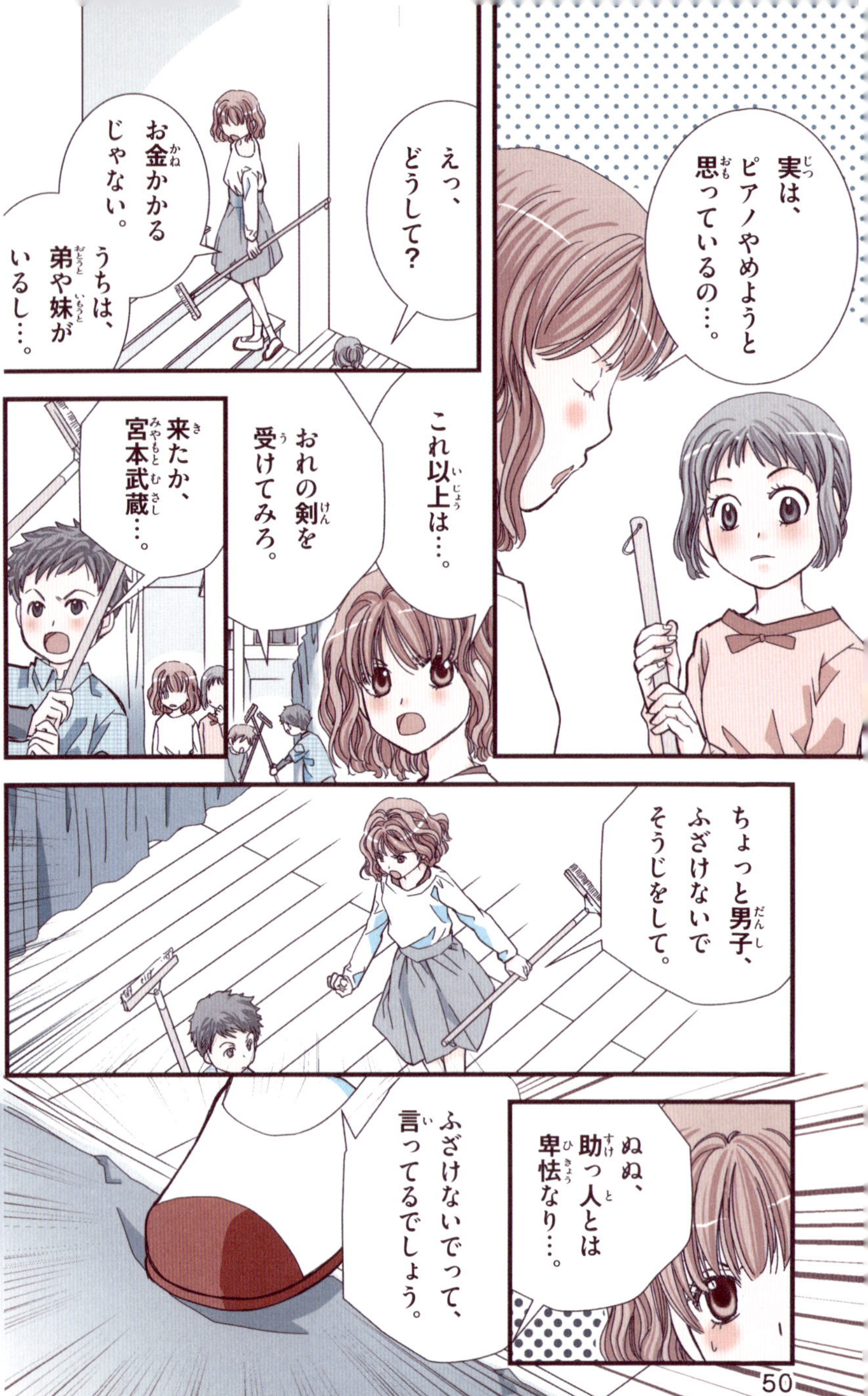
実《じつ》は、ピアノやめようと思《おも》っているの…。
えっ、どうして？
お金《かね》かかるじゃない。うちは、弟《おとうと》や妹《いもうと》がいるし…。
これ以上《いじょう》は…。
おれの剣《けん》を受《う》けてみろ。
来《き》たか、宮本武蔵《みやもとむさし》…。
ちょっと男子《だんし》、ふざけないでそうじをして。
ぬぬ、助《すけ》っ人《と》とは卑怯《ひきょう》なり…。
ふざけないでって、言《い》ってるでしょう。

ピアノの上《うえ》には上《あ》がらない！
ピアノ…
ピアノが舞台《ぶたい》と同《おな》じ高《たか》さだから、つい…。
いいじゃん、どうせこのピアノ使《つか》ってないんだし…。
それとこれとは、別《べつ》なんです。
ヒソヒソ
あ〜あ、柴田《しばた》くん。
先生《せんせい》を怒《おこ》らすと怖《こわ》いのに…。
でも…。

本当《ほんとう》に怖《こわ》かったのは、先生《せんせい》ではありませんでした。
ピーポーピーポー
早《はや》く救急車《きゅうきゅうしゃ》を。
事故《じこ》？
車《くるま》が突《つ》っ込《こ》んできたんだって…。
あれ…、
柴田《しばた》くんだよね。
ああああッ
柴田《しばた》くん、両足骨折《りょうあしこっせつ》だって…。
おれ、事故《じこ》を見《み》ちゃったよ！
………。
昨日《きのう》、あれから兄《にい》ちゃんに聞《き》いたんだよな。

呪《のろ》いのピアノのこと。
夜中《よなか》に勝手《かって》にピアノが鳴《な》るって、学校怪談《がっこうかいだん》あるあるのやつ？
それだけじゃないんだ。
あのピアノにいたずらした生徒《せいと》が、次々《つぎつぎ》にケガするって、
しかもピアノにいたずらしたのと同《おな》じ体《からだ》の部分《ぶぶん》を……。
それ、おれ、聞《き》いたことある。
柴田《しばた》……、両足《りょうあし》骨折《こっせつ》って、
両足《りょうあし》がピアノに乗《の》ってたよな。
足《あし》……。
痛《いた》い……。

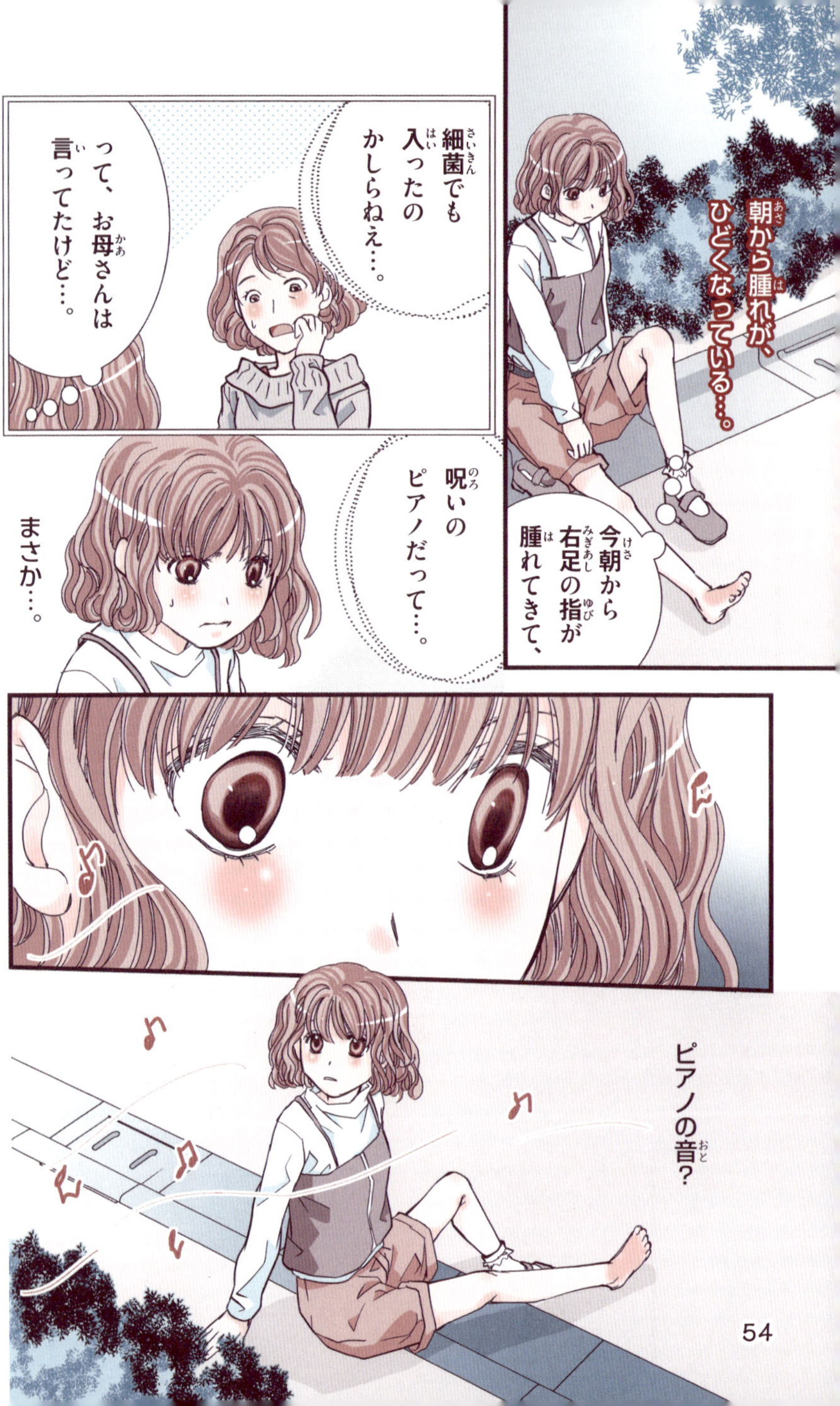
朝《あさ》から腫《は》れが、ひどくなっている…。
今朝《けさ》から右足《みぎあし》の指《ゆび》が腫《は》れてきて、
細菌《さいきん》でも入《はい》ったのかしらねえ…。
って、お母《かあ》さんは言《い》ってたけど…。
呪《のろ》いのピアノだって…。
まさか…。
ピアノの音《おと》?

電気《でんき》が消《き》えている…。
だれもいないはずなのに…。
呪《のろ》いだって。
いたずらしたのと同《おな》じ位置《いち》をケガするって。
ニヤリ
あら…。

まだ残《のこ》っていたの のぞみさん。
さっきのは、先生《せんせい》が曲《きょく》を弾《ひ》いていただけか…。
ほっ
先生《せんせい》、電気《でんき》消《け》して、何《なに》をしているんですか…。
卒業式《そつぎょうしき》に弾《ひ》く曲《きょく》の確認《かくにん》よ。
それって、ピアノ曲《きょく》ですか？
そう。
あのピアノを弾《ひ》ける生徒《せいと》がいるとよかったんだけど…。
古《ふる》いし、変《へん》なうわさもあるしね。
呪《のろ》いの話《はなし》ですか？
あのピアノにいたずらしたら、呪《のろ》われるって…。
ぷっ

学校《がっこう》の歴史《れきし》が長《なが》いので、ケガをした生徒《せいと》もいたけど…。

他《ほか》の先生《せんせい》も言《い》っていましたけど、みんな信《しん》じてません。

それが都合《つごう》よくピアノのせいにされただけ…、
って
だって、使《つか》わないピアノをいつまでも置《お》いておくなんて変《へん》ですよ。

このピアノは大切《たいせつ》なピアノなの。

戦争中《せんそうちゅう》に空襲《くうしゅう》でピアノが焼《や》けてね。卒業生《そつぎょうせい》で会社《かいしゃ》の社長《しゃちょう》が家《いえ》にあるピアノを寄付《きふ》してくれたの。

学校《がっこう》にピアノがないのはかわいそうだって…。

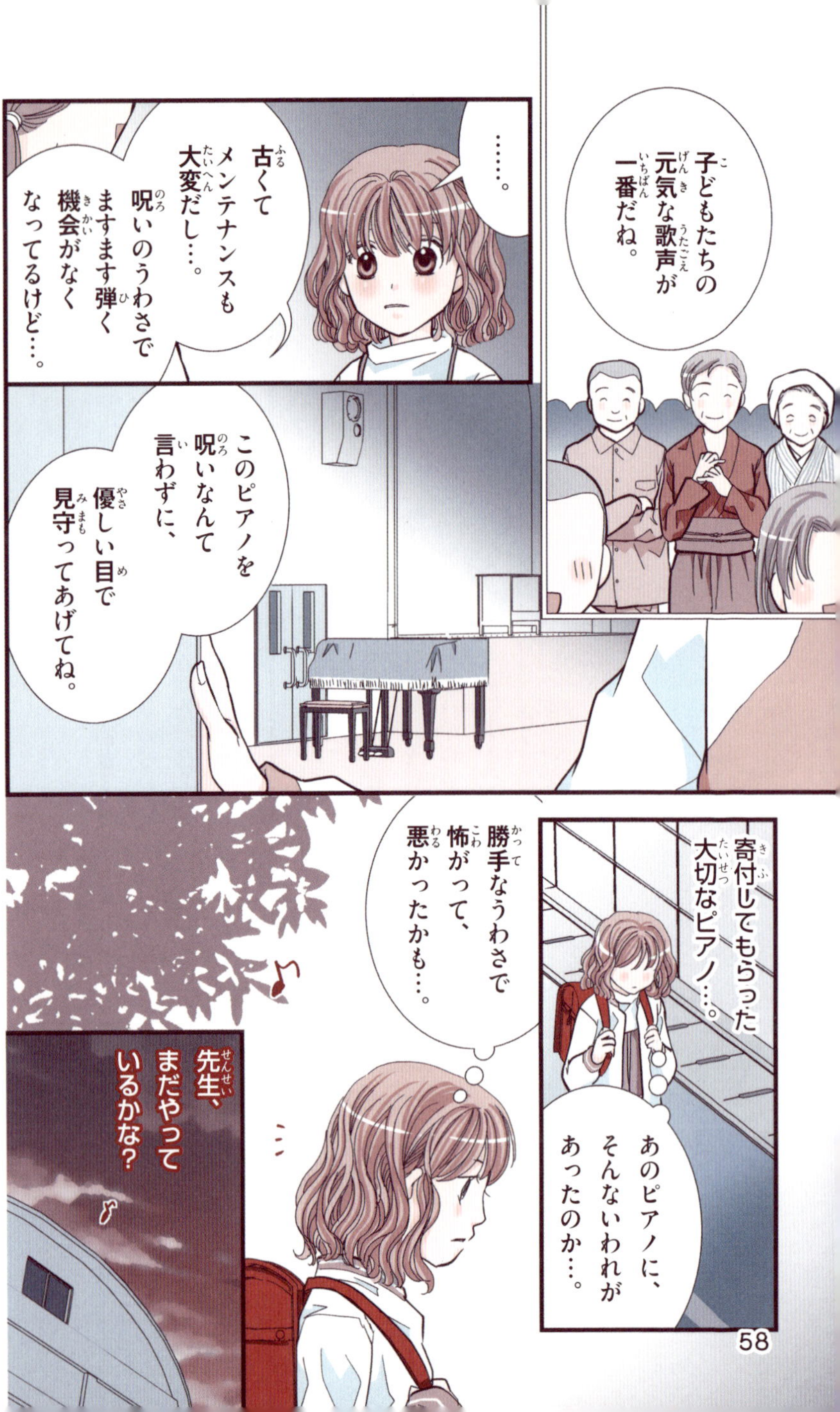
子《こ》どもたちの元気《げんき》な歌声《うたごえ》が一番《いちばん》だね。

……。

古《ふる》くてメンテナンスも大変《たいへん》だし…。呪《のろ》いのうわさでますます弾《ひ》く機会《きかい》がなくなってるけど…。

このピアノを呪《のろ》いなんて言《い》わずに、優《やさ》しい目《め》で見守《みまも》ってあげてね。

寄付《きふ》してもらった大切《たいせつ》なピアノ…。

あのピアノに、そんないわれがあったのか…。

勝手《かって》なうわさで怖《こわ》がって、悪《わる》かったかも…。

先生《せんせい》、まだやっているかな?

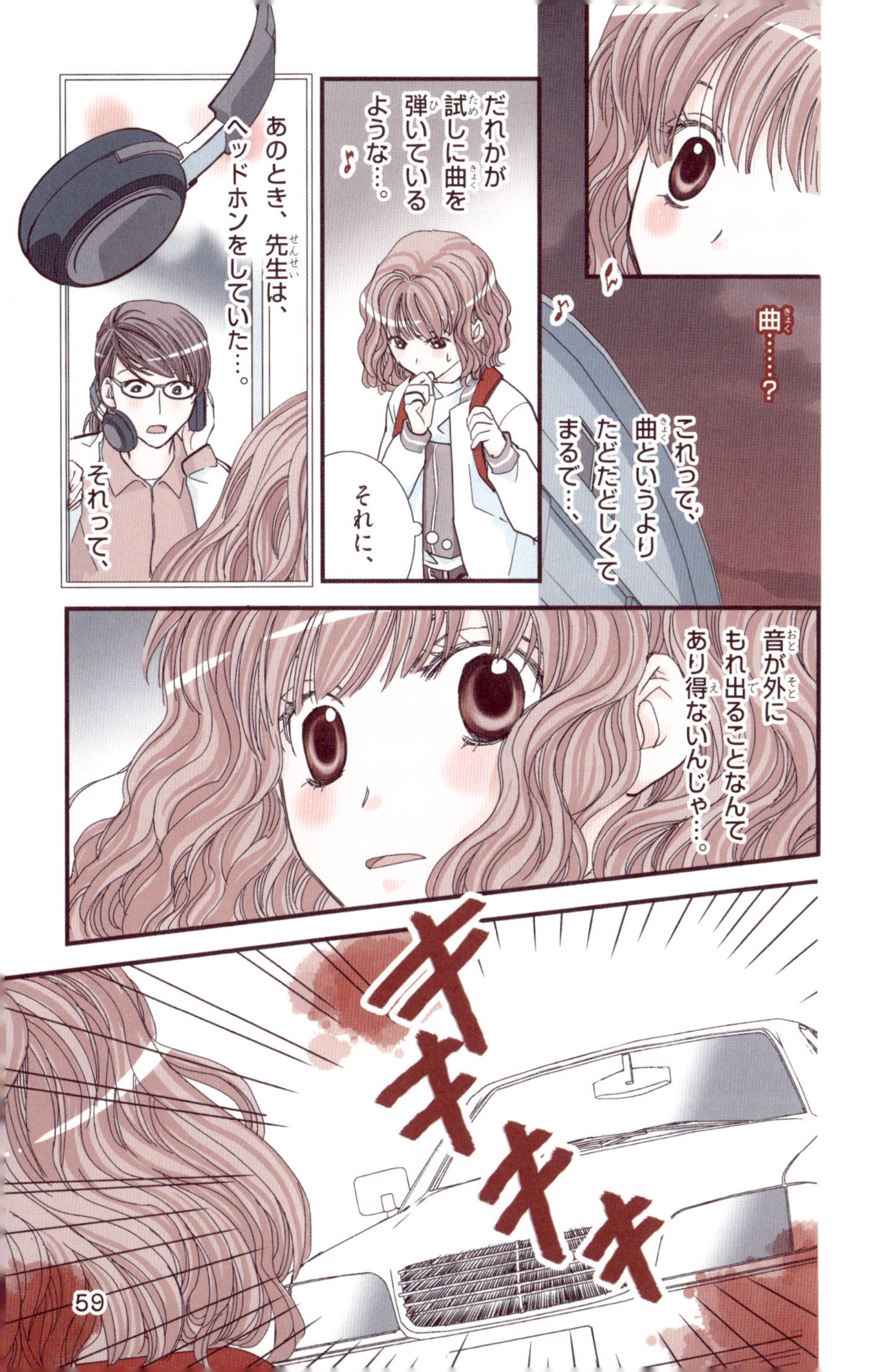
曲《きょく》……？
これって、曲《きょく》というよりたどたどしくてまるで…、
だれかが試《ため》しに曲《きょく》を弾《ひ》いているような…。
それに、
あのとき、先生《せんせい》は、ヘッドホンをしていた…。
それって、
音《おと》が外《そと》にもれ出《で》ることなんてあり得《え》ないんじゃ…。
キキキキキ

中央総合病院
校長先生《こうちょうせんせい》までいらっしゃるとは、すみません。
のぞみ、担任《たんにん》の先生《せんせい》と校長先生《こうちょうせんせい》よ。
右足《みぎあし》をケガしたそうだね。
ピアノを踏《ふ》んだ足《あし》のほうかい？
ヒビが入《はい》って、二《に》、三日入院《さんにちにゅういん》するそうです。
右足《みぎあし》
その足《あし》は、
体育館《たいいくかん》の件《けん》、見《み》ていた生徒《せいと》がいてね。
きみも少《すこ》しピアノを踏《ふ》んだんだって…。

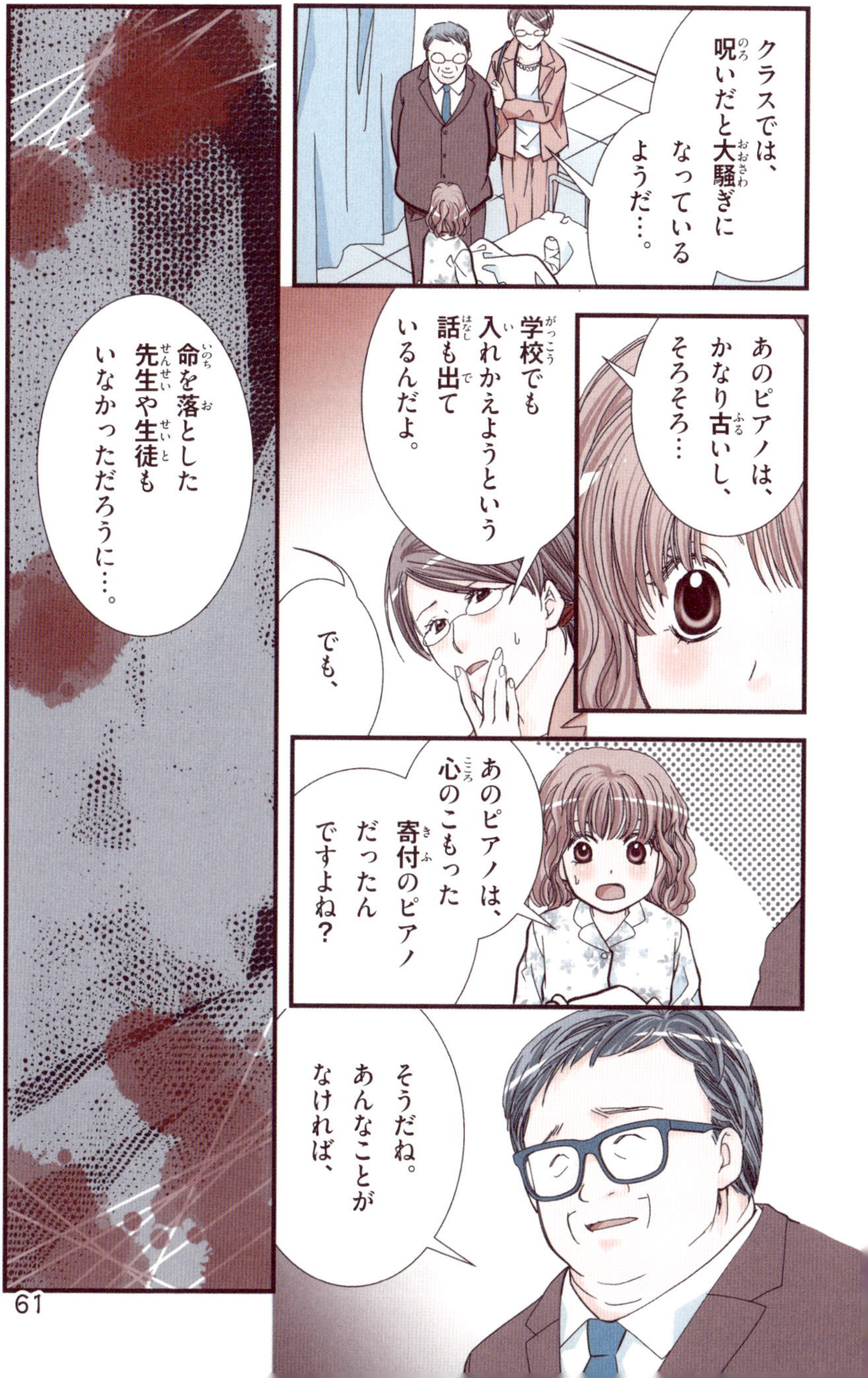
クラスでは、呪《のろ》いだと大騒《おおさわ》ぎになっているようだ…。
あのピアノは、かなり古《ふる》いし、そろそろ…
学校《がっこう》でも入《い》れかえようという話《はなし》も出《で》ているんだよ。
でも、
命《いのち》を落《お》とした先生《せんせい》や生徒《せいと》もいなかっただろうに…。
あのピアノは、心《こころ》のこもった寄付《きふ》のピアノだったんですよね？
そうだね。あんなことがなければ、

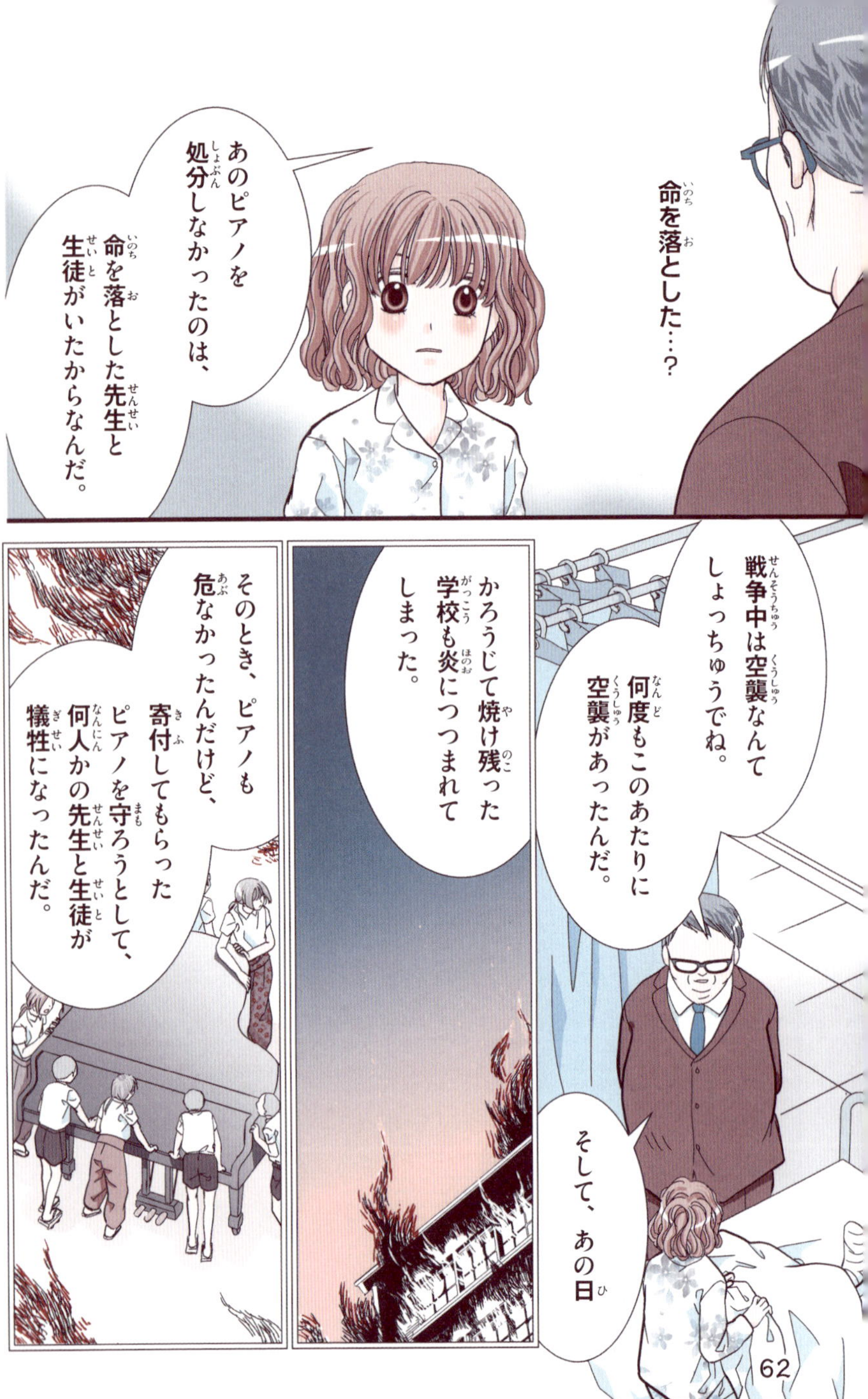
命《いのち》を落《お》とした…?

あのピアノを処分《しょぶん》しなかったのは、命《いのち》を落《お》とした先生《せんせい》と生徒《せいと》がいたからなんだ。

戦争中《せんそうちゅう》は空襲《くうしゅう》なんてしょっちゅうでね。

何度《なんど》もこのあたりに空襲《くうしゅう》があったんだ。

そして、あの日《ひ》
かろうじて焼《や》け残《のこ》った学校《がっこう》も炎《ほのお》につつまれてしまった。

そのとき、ピアノも危《あぶ》なかったんだけど、寄付《きふ》してもらったピアノを守《まも》ろうとして、何人《なんにん》かの先生《せんせい》と生徒《せいと》が犠牲《ぎせい》になったんだ。

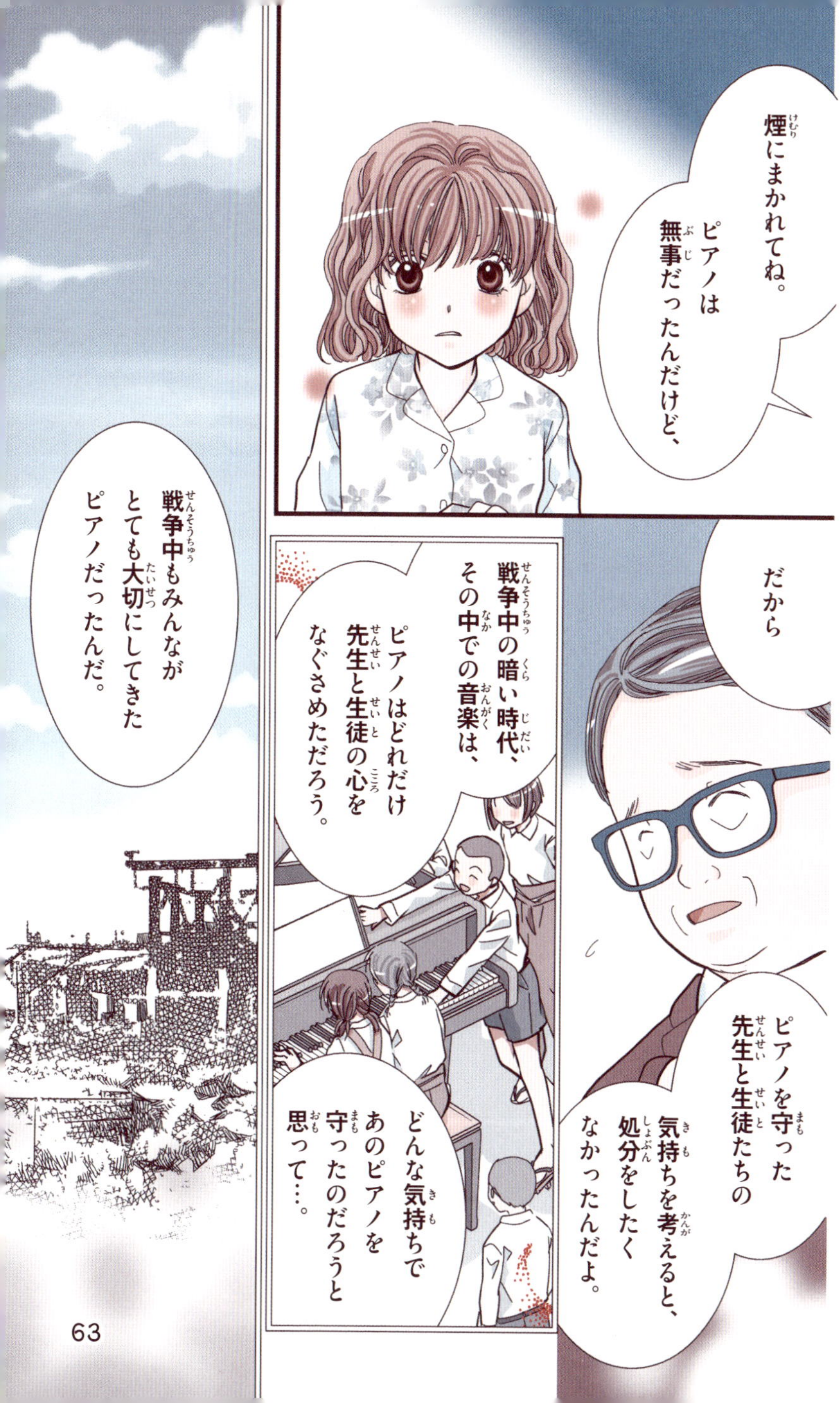
煙《けむり》にまかれてね。
ピアノは無事《ぶじ》だったんだけど、
だから
ピアノを守《まも》った先生《せんせい》と生徒《せいと》たちの気持《きも》ちを考《かんが》えると、処分《しょぶん》をしたくなかったんだよ。
戦争中《せんそうちゅう》の暗《くら》い時代《じだい》、その中《なか》での音楽《おんがく》は、
ピアノはどれだけ先生《せんせい》と生徒《せいと》の心《こころ》をなぐさめただろう。
どんな気持《きも》ちであのピアノを守《まも》ったのだろうと思《おも》って…。
戦争中《せんそうちゅう》もみんながとても大切《たいせつ》にしてきたピアノだったんだ。

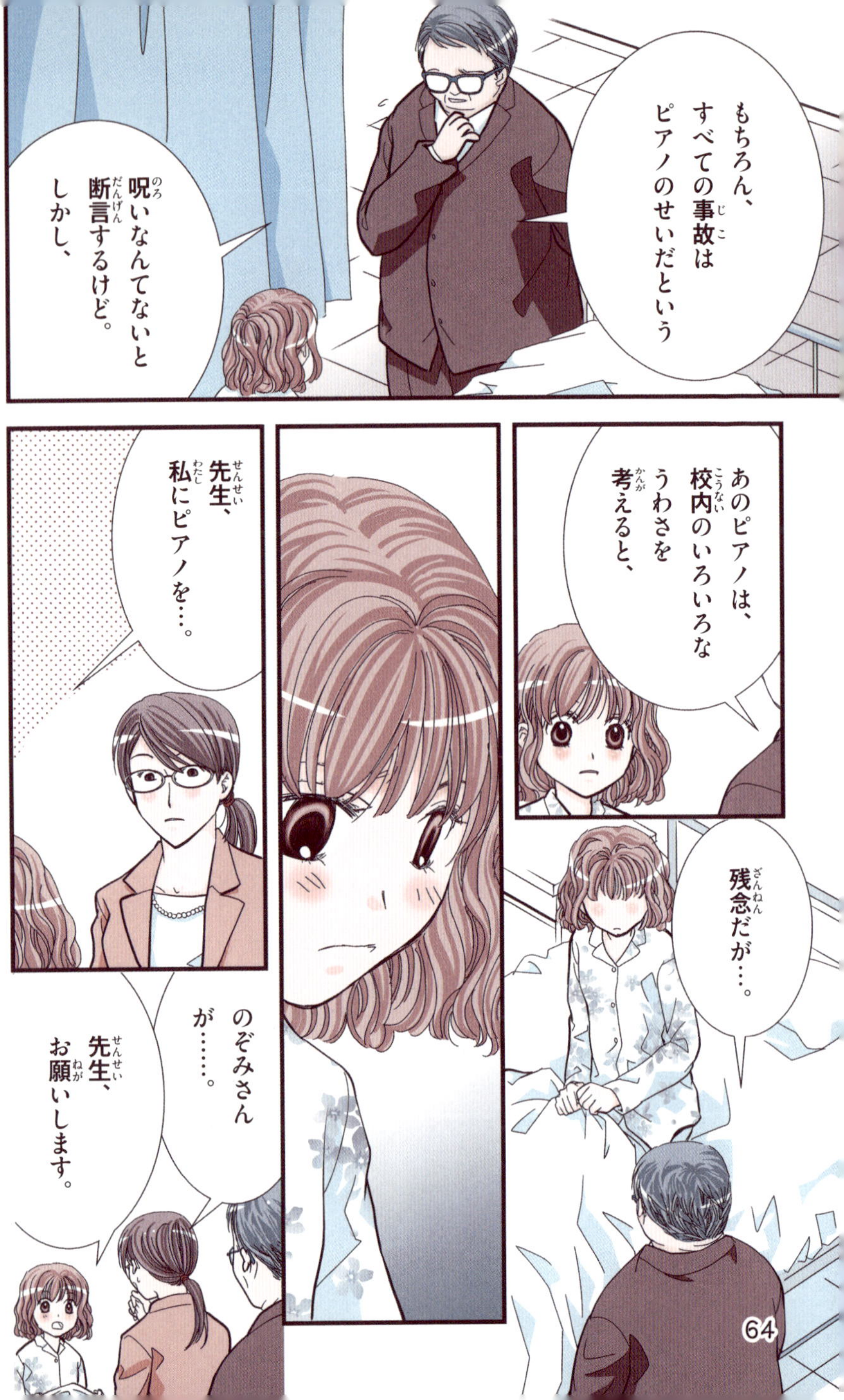
もちろん、すべての事故《じこ》はピアノのせいだという
呪《のろ》いなんてないと断言《だんげん》するけど。しかし、
あのピアノは、校内《こうない》のいろいろなうわさを考《かんが》えると、
残念《ざんねん》だが…。
先生《せんせい》、私《わたし》にピアノを…。
のぞみさんが……。
先生《せんせい》、お願《ねが》いします。

□□小学校 第○回卒業式
ざわっ…
在校生席
えっ？
あのピアノ弾《ひ》くの？
ヒソヒソ
あれって、呪《のろ》いのピアノってうわさの…。

ピアノは学校《がっこう》に残《のこ》ることになったんですね。
のぞみちゃんのおかげで、ピアノパニックも一段落《いちだんらく》。
両足骨折《りょうあしこっせつ》した柴田《しばた》くんも新学期《しんがっき》から出《で》てこられるそうよ。
まあ！おめでとう。よかったね。
私《わたし》、やっぱり
ピアノを続《つづ》けることにしたんです。
本人《ほんにん》は春休《はるやす》みがつぶれたって、不機嫌《ふきげん》だけど。
ぶーぶー
私《わたし》もさっきギプス外《はず》れました。
のぞみさん、今《いま》、外《そと》なの？
ピアノ教室《きょうしつ》に行《い》こうと思《おも》って。
みんなが命《いのち》をかけて守《まも》ったピアノ。

そこまでした、先生《せんせい》と生徒《せいと》の気持《きも》ちや
戦争中《せんそうちゅう》に音楽《おんがく》をやりたくてもできなかった人《ひと》たちのことを考《かんが》えると、
私《わたし》は、ピアノをやめるべきではないと思《おも》いました。
それに、お姉《ねえ》ちゃんのピアノ、すごくよかった！
クラスのみんなに自慢《じまん》したんだよ。
弟《おとうと》と妹《いもうと》のためにピアノをやめようなんてバカだったな…。

ピアノの「呪《のろ》い」に関《かん》しては…、
偶然《ぐうぜん》ということでおさまった。
あのピアノは、舞台《ぶたい》と同《おな》じ高《たか》さだからまちがって上《あ》がってしまいやすいのだ。
でも…、
私《わたし》や柴田《しばた》くんのケガは、本当《ほんとう》に偶然《ぐうぜん》だけなのだろうか…。

ピアノが私《わたし》たちに
命《いのち》の大切《たいせつ》さや
物《もの》を大事《だいじ》にする
気《き》持《も》ちの大切《たいせつ》さを
知《し》らせているのだろうか…。

学校《がっこう》でおこった怖《こわ》い話《はなし》 第《だい》4話《わ》

石《いし》のヒミツ

麻理奈《まりな》さんが通《かよ》う小学校《しょうがっこう》の図工《ずこう》の授業《じゅぎょう》は、
ちょっと変《か》わっていました。
ある日《ひ》の授業《じゅぎょう》で、
先生《せんせい》が川《かわ》で拾《ひろ》ってきた小石《こいし》を
箱《はこ》いっぱいに入《い》れて持《も》ってきました。
それで、先生《せんせい》はその箱《はこ》を教壇《きょうだん》に「どん！」と、
置《お》いて言《い》いました。
「みんな、この中《なか》から好《す》きな石《いし》を一《ひと》つ選《えら》べ。」

麻理奈《まりな》さんをはじめ、
クラスの生徒《せいと》たちみんなはポカンと
しています。
『まあ、また何《なに》かやるのかな…。』
なんて思《おも》いながら、
麻理奈《まりな》さんもクラスのみんなも
一《ひと》つずつ小石《こいし》を選《えら》んで席《せき》に戻《もど》りました。
「いいか。自分《じぶん》が選《えら》んだ石《いし》がどんな石《いし》で、

どんな気持《きも》ちなのか。
その一《ひと》つの石《いし》と向《む》き合《あ》って感《かん》じてみよう。」
先生《せんせい》の言葉《ことば》にクラス中《じゅう》が、
なおさらポカンとしました。
みんな口《くち》ぐちに
「えー。」「訳《わけ》わかんな～い。」
などと言《い》っていましたが、
それもいつものことです。

ぶつぶつ言《い》いながらも、
それぞれの選《えら》んだ石《いし》を握《にぎ》りしめて、
目《め》をつむり始《はじ》めました。
麻理奈《まりな》さんも「いやなことをさせるな。」

とは思《おも》うものの、
みんなと同《おな》じように石《いし》を握《にぎ》り、
目《め》を閉《と》じました。

そうやって目《め》を閉《と》じて、
何分《なんぷん》すぎたでしょうか。
麻理奈《まりな》さんも
「何《なに》もわかんないよ、
石《いし》の気持《きも》ちって言《い》われても…。」
なんて思《おも》っていたとき、
後《うし》ろの席《せき》で、
「ぎゃああああ！」
とさけび声《ごえ》が聞《き》こえました。

麻理奈《まりな》さんがびっくりしてふり向《む》くと、
仲良《なかよ》しの梓《あずさ》さんが石《いし》を握《にぎ》ったまま
ブルブル震《ふる》えながら
さけび声《ごえ》を上《あ》げています。
クラスメートみんなが、
梓《あずさ》さんにかけよりました。
「梓《あずさ》ちゃん！　どうしたの⁉
大丈夫《だいじょうぶ》？　梓《あずさ》ちゃん‼」
梓《あずさ》さんが涙《なみだ》を流《なが》しながら、
何《なに》かを言《い》おうとしています。

「梓《あずさ》、どうしたの？　何《なに》⁉」

麻理奈《まりな》さんが、梓《あずさ》さんに耳《みみ》を寄《よ》せました。
「…助《たす》けて、助《たす》けて、
助《たす》けて、助《たす》けて…。」
梓《あずさ》さんは、震《ふる》えながら
そうつぶやいていました。

とっさに、『これはまずい。』と
思《おも》った麻理奈《まりな》さんは、
梓《あずさ》さんをおさえるように抱《だ》きしめました。
一瞬《いっしゅん》、手《て》の力《ちから》が抜《ぬ》けたのか、
梓《あずさ》さんが握《にぎ》っていた石《いし》が
転《ころ》がり落《お》ちて、

梓《あずさ》さんは全身《ぜんしん》の力《ちから》も抜《ぬ》けてしまい、
そのまま保健室《ほけんしつ》まで運《はこ》ばれて行《い》きました。

後日《ごじつ》、
梓《あずさ》さんに何《なに》があったのか、
麻理奈《まりな》さんは聞《き》いてみることにしました。

「…別《べつ》に、霊感《れいかん》があるとか
そういうのじゃないけど、
何《なん》か波長《はちょう》が合《あ》ったみたいな…
そんなのだと思《おも》う。」

梓《あずさ》さんはそう言《い》いました。

「じゃあ…あの石《いし》から何《なに》を感《かん》じたの？」

麻理奈《まりな》さんが聞《き》いてみると、
「声《こえ》が聞《き》こえたの。
タ・ス・ケ・テって…。」

梓《あずさ》さんはうつむいて、言《い》いました。

以来《いらい》、石《いし》を使《つか》った授業《じゅぎょう》はなくなり、
その話題《わだい》を切《き》り出《だ》すこともなくなりました。

昔《むかし》から石《いし》は、魂《たましい》が入《はい》りやすく、
神様《かみさま》として神社《じんじゃ》にまつられたりする
こともあります。
ひどい目《め》に合《あ》った人《ひと》の魂《たましい》が入《はい》り込《こ》んで
しまった石《いし》だったのかもしれません…。

学校《がっこう》でおこった怖《こわ》い話《はなし》

第《だい》5話《わ》

キューピッドさん

百香《ももか》さんが体験《たいけん》した不思議《ふしぎ》な話《はなし》です。

百香《ももか》さんのクラスでは『キューピッドさん』という遊《あそ》びがはやっていました。

紙《かみ》に鳥居《とりい》のような門《もん》と『あ』から『ん』までのひらがなを書《か》き、十円玉《じゅうえんだま》を鳥居《とりい》の上《うえ》に置《お》きます。

合言葉《あいことば》を唱《とな》えるとキューピッドさんが十円玉《じゅうえんだま》に降《お》りてきて、文字《もじ》を示《しめ》して質問《しつもん》に答《こた》えてくれるという、いわゆる『こっくりさん』のようなものです。

百香《ももか》さんも、仲良《なかよ》しの美優《みゆ》さんとキューピッドさんをやってみようということになり、放課後《ほうかご》、教室《きょうしつ》で準備《じゅんび》を始《はじ》めました。

クラスメートに教《おそ》わったとおり、鳥居《とりい》の上《うえ》に置《お》いた十円玉《じゅうえんだま》に二人《ふたり》の片手《かたて》の人差《ひとさ》し指《ゆび》を置《お》きました。

「キューピッドさん、キューピッドさん…。」
二人《ふたり》はキューピッドさんに呼《よ》びかけます。
「いらっしゃいましたら、
『はい』へお進《すす》みください。」
百香《ももか》さんと美優《みゆ》さんが黙《だま》って十円玉《じゅうえんだま》を
見《み》つめると、十円玉《じゅうえんだま》がすーっと『はい』
という文字《もじ》へ動《うご》き出《だ》しました！
「成功《せいこう》した！」と驚《おどろ》きながらも、
百香《ももか》さんは喜《よろこ》びました。
他《ほか》のクラスメートたちがやっているのを
見《み》ていたときは、

きっと指《ゆび》を置《お》いている人《ひと》のだれかが、
十円玉《じゅうえんだま》を動《うご》かしているんだろう…と
半信半疑《はんしんはんぎ》だったのですが、
今《いま》、自分《じぶん》の指《ゆび》の下《した》で、
確《たし》かに十円玉《じゅうえんだま》は動《うご》いています。
美優《みゆ》さんが動《うご》かしていないので
あれば…と、目《め》の前《まえ》を見《み》てみると、
美優《みゆ》さんも驚《おどろ》いた顔《かお》をしています。
これでもうまちがいありません！

さっそく、二人《ふたり》はキューピッドさんに
いろいろな質問《しつもん》をしました。
クラスのだれがだれを好《す》きで、

だれとだれが付《つ》き合《あ》っているのか…。
興味《きょうみ》はつきませんでした。
一時間《いちじかん》ぐらいは続《つづ》けていたでしょうか…。
不自然《ふしぜん》な姿勢《しせい》にも疲《つか》れてきた二人《ふたり》は、
そろそろキューピッドさんに
帰《かえ》ってもらうことにしました。
「キューピッドさん、キューピッドさん、
鳥居《とりい》に向《む》かってお帰《かえ》りください…。」
二人《ふたり》はキューピッドさんに語《かた》りかけました。

それまでと同《おな》じように、
十円玉《じゅうえんだま》は二人《ふたり》の指《ゆび》を乗《の》せたまま、

静《しず》かに動《うご》いていきます。
二人《ふたり》には、
十円玉《じゅうえんだま》がひとりでに動《うご》いていることが、
すでに当《あ》たり前《まえ》になっていました。
百香《ももか》さんでも美優《みゆ》さんでもなく、
十円玉《じゅうえんだま》はキューピッドさんが
動《うご》かしていると…。
すると、十円玉《じゅうえんだま》の動《うご》く方向《ほうこう》を見《み》て、
百香《ももか》さんが思《おも》わず
「あれ?」と声《こえ》を上《あ》げました。
十円玉《じゅうえんだま》が、鳥居《とりい》ではなく
文字《もじ》の上《うえ》に止《と》まったのです。

『お』

十円玉《じゅうえんだま》が動《うご》く。

『は』

再《ふたた》び十円玉《じゅうえんだま》が動《うご》く。

『か』

その三文字《さんもじ》の上《うえ》で十円玉《じゅうえんだま》が止《と》まりました。

「え…? 『お』『は』『か』? え!?」

百香《ももか》さんは、目《め》の前《まえ》の美優《みゆ》さんに
言《い》いました。

「何《なに》よぉ、動《うご》かしてたの美優《みゆ》なの?」

そう言《い》いながら顔《かお》をうかがうと、美優《みゆ》さんは〝私《わたし》じゃない！〟と、いうように首《くび》をふっています。

その間《あいだ》にも、二人《ふたり》の指《ゆび》を乗《の》せたまま、十円玉《じゅうえんだま》がさらに動《うご》いていくのです。

『ひ』

『と』

『た』

『ま』

『ひ』『と』『た』『ま』って、

「ひとだま」……。

怖《こわ》くなってきた百香《ももか》さんと美優《みゆ》さんは、
「キューピッドさん、お帰《かえ》りください。
お願《ねが》いです。お帰《かえ》りください。」と、
何度《なんど》もキューピッドさんに帰《かえ》ってもらう
ように、合言葉《あいことば》を繰《く》り返《かえ》しました。

しかし、十円玉《じゅうえんだま》は二人《ふたり》の指《ゆび》を乗《の》せたまま、
同《おな》じペースで文字《もじ》の上《うえ》をすべっていきます。
「ねえ、もう指《ゆび》を離《はな》しちゃだめなのかな…。」
美優《みゆ》さんが不安《ふあん》げに言《い》います。
「だめだよ！　キューピッドさんが
帰《かえ》るまで、指《ゆび》は離《はな》せないよ。」
帰《かえ》る前《まえ》に指《ゆび》を離《はな》すと呪《のろ》われると聞《き》いていた
百香《ももか》さんは、必死《ひっし》でした。
「お願《ねが》いです。キューピッドさん、
どうぞお帰《かえ》りください。お帰《かえ》りください。」

『く』『ひ』『つ』『り』

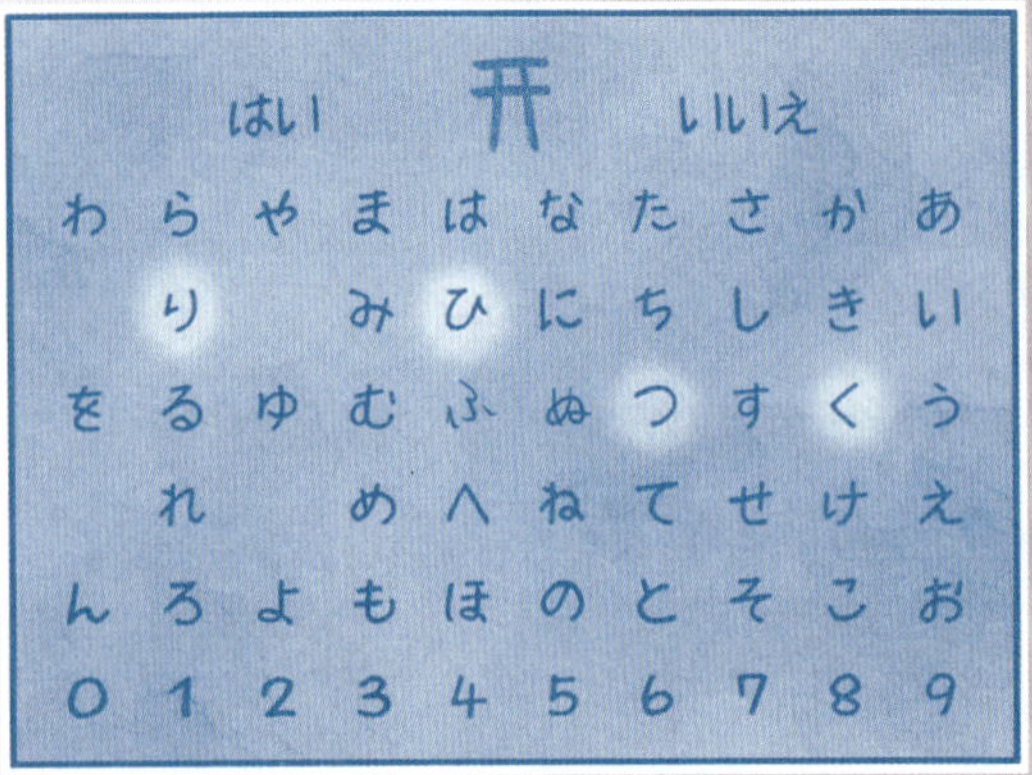

『く』『ひ』『つ』『り』って、
「くびつり」……。
二人《ふたり》のお帰《かえ》りくださいの言葉《ことば》とは裏腹《うらはら》に、
十円玉《じゅうえんだま》は動《うご》き続《つづ》け、
怖《こわ》い言葉《ことば》を次々《つぎつぎ》に示《しめ》していきます…。

『このままキューピッドさんが帰《かえ》ってくれなくて、私《わたし》たちが疲《つか》れて指《ゆび》を離《はな》してしまったら、やっぱり呪《のろ》われるのかな…。』
そう考《かんが》えると百香《ももか》さんは、
泣《な》きたくなってきました。

美優《みゆ》さんは、「お帰《かえ》りください。」と
言《い》いながら、
困《こま》ったような、複雑《ふくざつ》な顔《かお》をしています。

と、そのとき！
十円玉《じゅうえんだま》が鳥居《とりい》の上《うえ》に
止《と》まりました。

今《いま》だ！
すかさず百香《ももか》さんと美優《みゆ》さんは、
終了《しゅうりょう》の合図《あいず》である
お礼《れい》の呪文《じゅもん》を唱《とな》えました。
「ありがとうございました……。」
十円玉《じゅうえんだま》は鳥居《とりい》の上《うえ》で止《と》まっています。

大《おお》きなため息《いき》をついて、
二人《ふたり》は十円玉《じゅうえんだま》から指《ゆび》を離《はな》しました。

百香《ももか》さんはキューピッドさんが帰《かえ》って
くれたことに安心《あんしん》したのか、
なかなか帰《かえ》ってくれなかったことに
腹《はら》が立《た》ったのか、
指《ゆび》を離《はな》すが早《はや》いか、思《おも》わず
「もう！」と、
十円玉《じゅうえんだま》に向《む》かって怒《いか》りの
言葉《ことば》をさけびました。

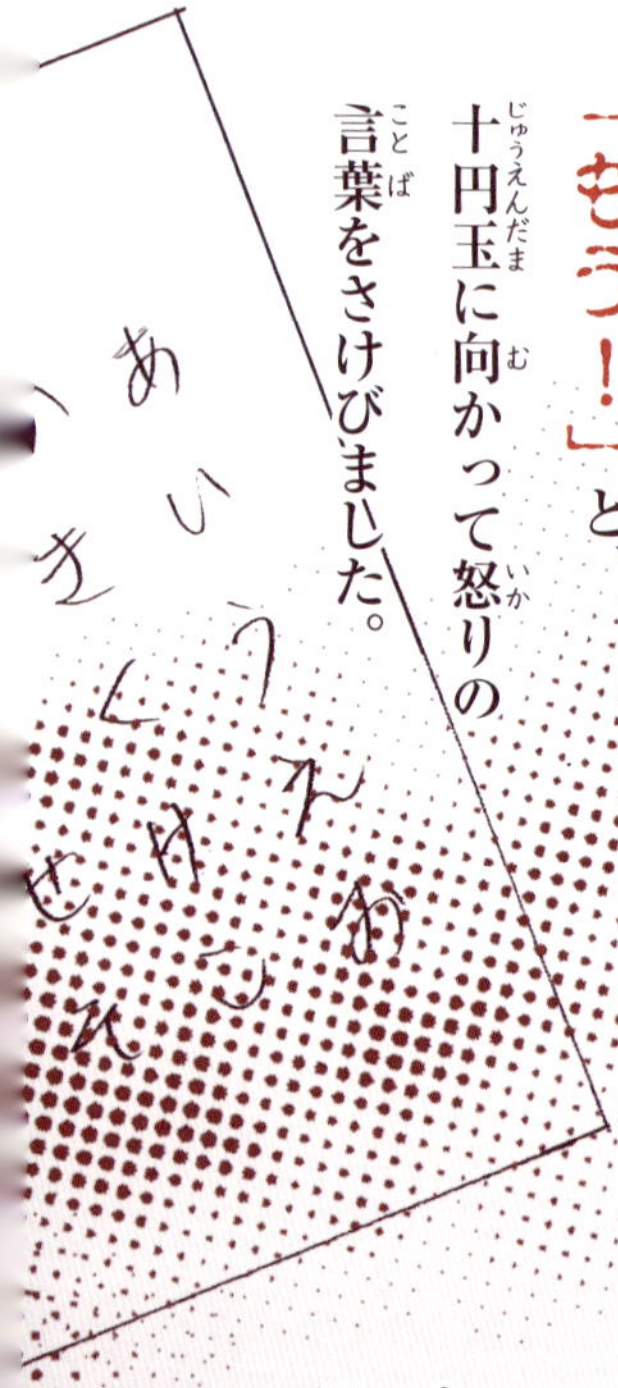

思《おも》わず言《い》ってしまったとはいえ、
百香《ももか》さんはその後《ご》、
目《め》の前《まえ》で起《お》きた光景《こうけい》を見《み》て、
すぐに後悔《こうかい》しました。
二人《ふたり》が指《ゆび》を離《はな》した十円玉《じゅうえんだま》は、
鳥居《とりい》の周《まわ》りをひとりでに
ぐるぐると回《まわ》っているのです！

「うわっ!!」
二人《ふたり》はパニックになって、
あわてて十円玉《じゅうえんだま》に指《ゆび》を置《お》きました。
「すみませんでした！　キューピッドさん、
すみませんでした！」

言葉《ことば》をつくして
あやまり続《つづ》けますが、
指《ゆび》を乗《の》せても十円玉《じゅうえんだま》は
鳥居《とりい》の周《まわ》りをぐるぐると
回《まわ》り続《つづ》けています。

「…ねえ、百香《ももか》。キューピッドさん、
何《なに》か言《い》ってるよ。」
美優《みゆ》さんの言《い》うように、
十円玉《じゅうえんだま》が文字《もじ》のほうへ
吸《す》いよせられるように動《うご》いて行《い》きます。
「…『も』?」
二人《ふたり》は、止《と》まる文字《もじ》を声《こえ》に出《だ》してみました。
…『う』
…『や』
…『る』
…『な』

「…『もうやるな』って言《い》ってる‼」
十円玉《じゅうえんだま》が、自分《じぶん》から鳥居《とりい》へ進《すす》んで
いきました。
百香《ももか》さんと美優《みゆ》さんは、
あわててお礼《れい》の呪文《じゅもん》を唱《とな》え、
ゆっくりと指《ゆび》を離《はな》しました。
十円玉《じゅうえんだま》は、
もう動《うご》きませんでした…。
それから百香《ももか》さんと美優《みゆ》さんは、
二度《にど》とキューピッドさんを
することはありませんでした…。

第《だい》6話《わ》 用具《ようぐ》入《い》れの中《なか》から…

ある日《ひ》、竜也《りゅうや》くんが教室《きょうしつ》のそうじ当番《とうばん》になったときのことです。
放課後《ほうかご》、四《し》、五人《ごにん》ぐらいのクラスメートといっしょに、
つくえといすを教室《きょうしつ》の後《うし》ろに移動《いどう》させて、
いつものようにそうじをしていました。
ひと通《とお》りそうじが終《お》わって、
また、みんなでつくえやいすを元《もと》の位置《いち》にもどし終《お》わったとき…、
竜也《りゅうや》くんがモップやほうきを片《かた》づけようと、教室《きょうしつ》の一番後《いちばんうし》ろにある
木製《もくせい》の用具《ようぐ》入《い》れに向《む》かって歩《ある》いていきました。

いつものように用具入《ようぐい》れの扉《とびら》をガバッと開《あ》けたとき…、急《きゅう》に、いっしょにそうじをしていたクラスメートの吉則《よしのり》くんが、

「今《いま》開《あ》けたらダメッ!!」と、さけんで、

竜也《りゅうや》くんのところにダーッと走《はし》ってきて

グーッと手《て》を引《ひ》っ張《ぱ》って用具入《ようぐい》れの扉《とびら》から竜也《りゅうや》くんを離《はな》しました。

「何《なに》？　どうかしたの!?」

竜也《りゅうや》くんは理由《りゆう》もわからずいきなり引《ひ》っ張《ぱ》られたので、うろたえてしまいました。

すると、手《て》を引《ひ》っ張《ぱ》った吉則《よしのり》くんはもちろん、いっしょにそうじをしていたクラスメートたちも、驚《おどろ》いたような、何《なん》ともいえない複雑《ふくざつ》な顔《かお》をして

竜也《りゅうや》くんを見《み》つめていました。
全《まった》く何《なに》がおきたのかまだわからない竜也《りゅうや》くんに対《たい》して、
やっと吉則《よしのり》くんが
『……あのね……。』と小声《こごえ》でそのわけを切《き》り出《だ》しました……。
竜也《りゅうや》くんが
木製《もくせい》の用具入《ようぐい》れを
何《なん》の気《き》なしに開《あ》けたとたん、
そのせまい縦長《たてなが》の用具入《ようぐい》れの中《なか》から、
いきなり十人以上《じゅうにんいじょう》の白装束《しろしょうぞく》の人《ひと》がぞろぞろ出《で》てきて、
そのまままっすぐ黒板《こくばん》のある前《まえ》の壁《かべ》に向《む》かい、
その白装束《しろしょうぞく》の列《れつ》は、ものすごい勢《いきお》いで
サーッと消《き》えていったのだというのです。

扉《とびら》を開《あ》けた竜也《りゅうや》くん以外《いがい》のそうじ当番《とうばん》をしていた友《とも》だちみんながこの光景《こうけい》を目撃《もくげき》していたのです。

そして、吉則《よしのり》くんがもう一言《ひとこと》つけたしました。

「引《ひっ》っ張《ぱ》らなかったら、扉《とびら》の前《まえ》にいた竜也《りゅうや》くんは、白装束《しろしょうぞく》の集団《しゅうだん》にそのまま連《つ》れて行《い》かれそうだったんだよ……。」

竜也《りゅうや》くんは、その日《ひ》からそうじがきらいになりました。

白装束《しろしょうぞく》は死《し》に装束《しょうぞく》ともいわれ、死《し》んだ人《ひと》に着《き》せる服《ふく》でもあるのです。

吉則《よしのり》くんが手《て》を引《ひ》っ張《ぱ》らなかったら、竜也《りゅうや》くんはあの世《よ》に連《つ》れて行《い》かれたかもしれません。

何十年《なんじゅうねん》、あるいは何年《なんねん》に一度《いちど》、用具《ようぐ》入《い》れの場所《ばしょ》があの世《よ》に行《い》くための白装束《しろしょうぞく》の人《ひと》の通《とお》り道《みち》になっているのかもしれません。

★やってはいけない怖《こわ》いことノート13★

やってはいけないことをして、霊《れい》を怒《おこ》らせると悪《わる》いことがおこるよ。こんなことをしないように気《き》をつけよう。

1

霊柩車《れいきゅうしゃ》とすれちがったら、その後《うし》ろをふり返《かえ》ってはいけない。霊《れい》が近《ちか》よってくるぞ。また、霊柩車《れいきゅうしゃ》とすれちがうとき、手《て》をにぎって親指《おやゆび》を手《て》の中《なか》にかくすといいよ。

2

山《やま》の中《なか》でいやな気配《けはい》を感《かん》じたら、ふり向《む》かないで前《まえ》に進《すす》め。うっかりふり向《む》くと、悪《わる》い霊《れい》に取《と》り憑《つ》かれたり、魂《たましい》を抜《ぬ》かれたりするよ。

3

夜《よる》、口笛《くちぶえ》を吹《ふ》いてはいけない。夜《よる》の口笛《くちぶえ》は霊《れい》を呼《よ》ぶのだ。とくに夜《よる》、活動《かつどう》する霊《れい》たちはいち早《はや》く口笛《くちぶえ》を聞《き》きつけて、あなたのそばにやってくる。その後《ご》、どうなるかは、近《ちか》づいてきた霊《れい》しだいよ。

4

知《し》らない人《ひと》のクシにさわったり、道《みち》に落《お》ちていたクシを拾《ひろ》ったりしてはいけない。クシには霊《れい》や人《ひと》の念《ねん》が入《はい》りやすいので、悪《わる》い運《うん》をもらってしまうよ。

5

部屋《へや》の壁《かべ》に人《ひと》の顔《かお》がうつっているポスターや写真《しゃしん》を、向《む》かい合《あ》わせにはってはいけない。一方《いっぽう》のポスターの人《ひと》の目《め》から向《む》かい側《がわ》のポスターの人《ひと》の目《め》に霊《れい》が通《とお》っていくのだ。そこが通《とお》り道《みち》になってしまうと、いつしか、部屋《へや》が霊《れい》の集《あつ》まる場所《ばしょ》になってしまう。

6

夜《よる》、窓《まど》のカーテンを開《あ》けて寝《ね》てはいけない。霊《れい》がガラスをすり抜《ぬ》けて入《はい》ってくるぞ。カーテンは朝《あさ》、早起《はやお》きして自分《じぶん》で開《あ》け、太陽《たいよう》の光《ひかり》を入《い》れることが大切《たいせつ》だよ。

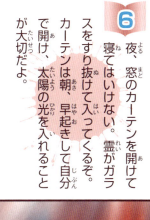

7

皿《さら》など、いつも使《つか》っている物《もの》が割《わ》れたら、それは悪《わる》いことがある知《し》らせだ。細《こま》かく割《わ》れるほど危険《きけん》だよ。

8

トイレのふたを開《あ》けっぱなしにしておくと、霊《れい》がよってくる。ふろの水《みず》のためっぱなしもいけない。水《みず》を入《い》れているときは、必《かなら》ずふろのふたを閉《し》めること。旅行《りょこう》に行《い》くときは、とくに注意《ちゅうい》。トイレのふたを開《あ》けたまま出《で》かけると、帰《かえ》ったときにたくさんの霊《れい》がトイレの中《なか》をふわふわ動《うご》いているぞ。

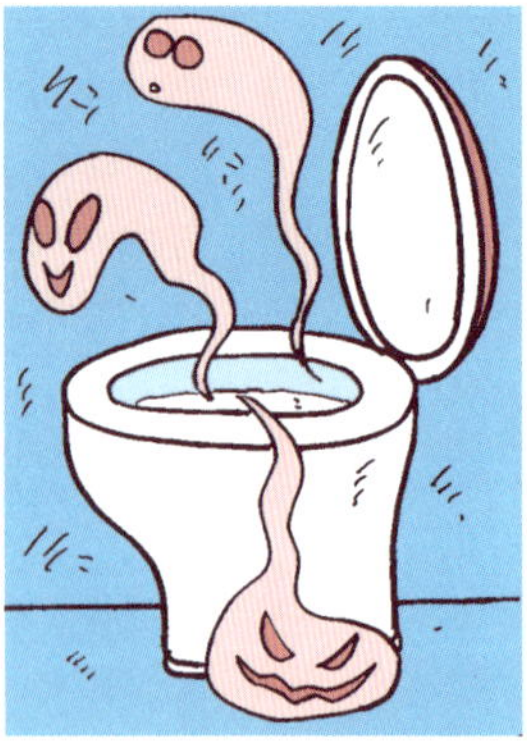

9

食《た》べ物《もの》をはしからはしへ渡《わた》してはいけない。火葬《かそう》した骨《ほね》を二人《ふたり》一組《ひとくみ》になって、はしではさんで骨壷《こつつぼ》に入《い》れることと同《おな》じ動作《どうさ》なので、やってはいけないのだ。

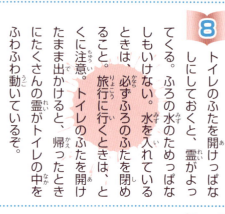

10

古《ふる》くなった人形《にんぎょう》をそのまま捨《す》ててはいけない。白《しろ》い布《ぬの》で目《め》かくしをして捨《す》てるか、両《りょう》目《め》に白《しろ》い布《ぬの》をのせ、そこに塩《しお》をふってから捨《す》てるといいのだ。

11

普段《ふだん》から物《もの》を大切《たいせつ》にしない人間《にんげん》に近《ちか》づく霊《れい》もいるから、物《もの》を大切《たいせつ》にしよう。食《た》べたくないからといって、食《た》べ物《もの》を捨《す》てることは絶対《ぜったい》にやめよう。

12

はしでちゃわんのふちをたたいてはいけない。音《おと》を聞《き》きつけた※亡者《もうじゃ》に取《と》り憑《つ》かれるぞ。

13

夜《よる》につめを切《き》ってはいけない。親《おや》の死《し》に目《め》に会《あ》えなくなるぞ。切《き》ったつめを燃《も》やしてはいけない。死《し》んだ人《ひと》を焼《や》いたにおいがして、悪《わる》い霊《れい》がよってくるよ。

※亡者《もうじゃ》…死後《しご》、成仏《じょうぶつ》できないで、さまよっている霊《れい》。

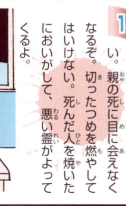

★超《ちょう》怖《こわ》～いヨーロッパの絵《かい》画《が》★

ヨーロッパの絵《え》には、怖《こわ》い絵《え》がたくさんあるよ。有名《ゆうめい》な画家《がか》の作品《さくひん》もあるので探《さが》してみよう。本物《ほんもの》を見《み》たら、夜眠《よるねむ》れないかも。

1 ホロフェルネスの首《くび》を斬《き》るユーディト

◇◇◇

イタリアのアルテミジア・ジェンティレス

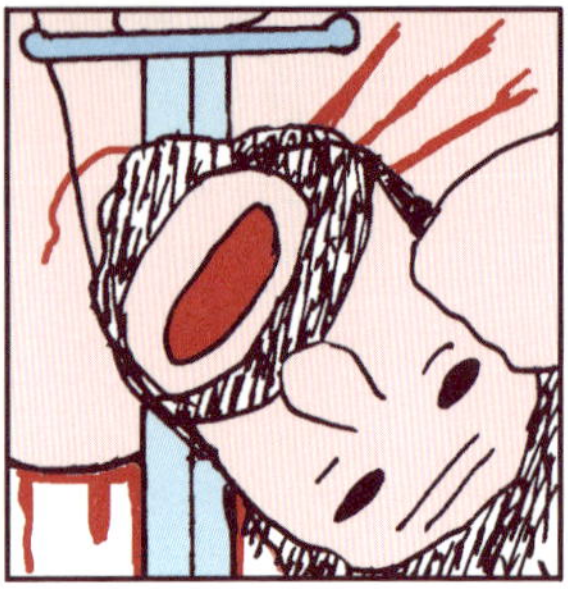

キ（1593年《ねん》～1652年《ねん》）が1620年《ねん》頃《ころ》にかいた絵《え》。若《わか》い女性《じょせい》が二人《ふたり》がかりで、寝《ね》ているひげ面《づら》の男《おとこ》の首《くび》を太《ふと》い剣《けん》で切《き》りとっているシーンで、超怖《ちょうこわ》い絵《え》。

2 ベラスケス（教皇《きょうこう》インノケンティウス十世像《じっせいぞう》）による習作《しゅうさく》

◇◇◇◇◇

アイルランド生《う》まれのフランシス・ベーコン（1909年《ねん》～19

92年《ねん》）という画家《がか》がかいた絵《え》。いすにすわっている教皇《きょうこう》が化《ば》け物《もの》にでもなりそうな恐《おそ》ろしい絵《え》で、迫力《はくりょく》があり、見《み》たら「ギョッ！」とし、思《おも》わず震《ふる》えてしまうよ。

3 キュクロプス

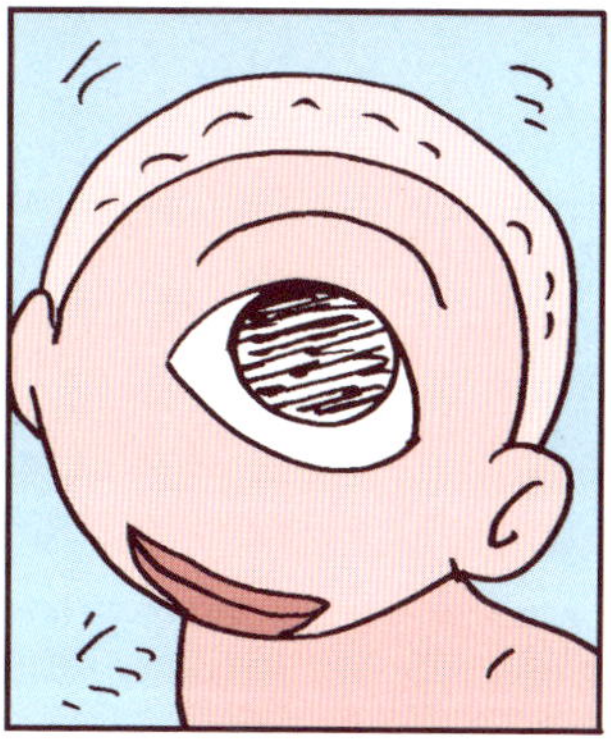

フランスのオディロン・ルドン（1840年《ねん》～1916年《ねん》）という画家《がか》がかいた絵《え》。花《はな》が咲《さ》く野原《のはら》で寝《ね》ている女性《じょせい》の後《うし》ろの岩山《いわやま》から、一《ひと》つ目《め》の巨人《きょじん》が見《み》ている絵《え》。不思議《ふしぎ》な感《かん》じの絵《え》。

4 我《わ》が子《こ》を食《く》らうサトゥルヌス

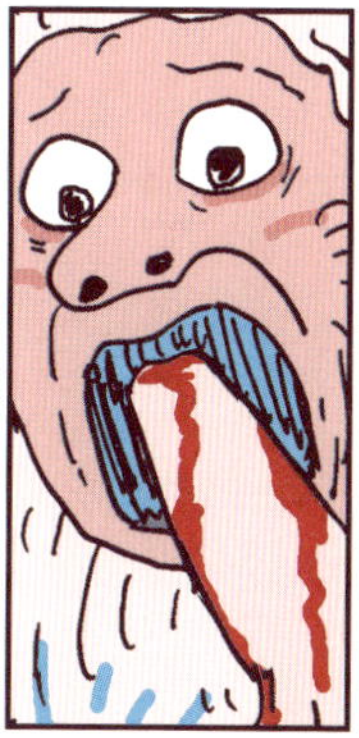

スペインの画家《がか》、フランシスコ・デ・ゴヤ（1746年《ねん》～1828年《ねん》）がかいた絵《え》。はだかの巨人《きょじん》が我《わ》が子《こ》をむさぼり食《く》っているという。子《こ》どもは頭《あたま》も右腕《みぎうで》も食《く》いちぎられて、血《ち》だらけになっている。この絵《え》を見《み》たら、目《め》に焼《や》きついて、夜眠《よるねむ》れなくなるよ。

5 メデューサの頭部《とうぶ》

フランドル（今《いま》のオランダ南部《なんぶ》・ベルギー西部《せいぶ》・フランス北部《ほくぶ》）のピーテル・パウル・ルーベンス（1577年《ねん》～1640年《ねん》）がかいた絵《え》。頭部《とうぶ》が転《ころ》がっている絵《え》で、ゾッとするほどの迫力《はくりょく》があって、目《め》が怖《こわ》い。蛇《へび》の髪《かみ》と切《き》られた首《くび》の血《ち》が生々《なまなま》しい。

6 幼児虐殺《ようじぎゃくさつ》

「メデューサの頭部《とうぶ》」をかいたルーベンスの作品《さくひん》。聖書《せいしょ》の幼児虐殺《ようじぎゃくさつ》のエピソードに基《もと》づいてかかれた作品《さくひん》だが、殺《ころ》された青《あお》い顔《かお》の子《こ》どもを見《み》るとゾッとする。

7 死《し》の島《しま》

スイス出身《しゅっしん》のアルノルト・ベックリン（1827年《ねん》1901年《ねん》）がかいた絵《え》。一見《いっけん》、怖《こわ》くなさそうに見《み》えるがじっくり見《み》ていると背筋《せすじ》が寒《さむ》くなってくる。船《ふね》をこいでいるのが死者《ししゃ》の魂《たましい》を死後《しご》の世界《せかい》に送《おく》る案内人《あんないにん》。そして、亡《な》くなった人間《にんげん》の亡霊《ぼうれい》が白《しろ》いもので覆《おお》われて立《た》っている。

8 赤《あか》いモデル

ベルギーの画家《がか》、ルネ・マグリット（1898年《ねん》〜1967年《ねん》）がかいた絵《え》。古《ふる》い靴《くつ》が途中《とちゅう》から人間《にんげん》の足《あし》に変《か》わっていく作品《さくひん》。「皮膚《ひふ》をはいだときに現《あらわ》れる血《ち》まみれの肉《にく》の木型《きがた》」と説明《せつめい》されているが絵《え》に赤《あか》い色《いろ》は使《つか》われていない。もしや、倒《たお》したら血《ち》があふれでてくるのかもしれない。

家《いえ》でおこった怖《こわ》い話《はなし》

全《ぜん》12話《わ》

一人《ひとり》で留《る》守《す》番《ばん》をしているとき、
だれもいないはずの隣《となり》の部屋《へや》から
足音《あしおと》が聞《き》こえたことはないですか…。
あなたの家《いえ》でいっしょに遊《あそ》んでいた友《とも》だちが、
急《きゅう》に帰《かえ》りたいと言《い》いだしたことはないですか…。
そして、寝《ね》静《しず》まった家《いえ》であなたが見《み》た夢《ゆめ》の世界《せかい》が
現実《げんじつ》におこっているできごとかもしれません…。

留《る》守《す》番《ばん》

その日《ひ》、夏帆《かほ》さんは、
一人《ひとり》で留守番《るすばん》をしていました。
両親《りょうしん》は町内会《ちょうないかい》の会合《かいごう》に出《で》かけ、
妹《いもうと》も友《とも》だちの家《いえ》にお泊《と》まりです。
夏帆《かほ》さんだけが
残《のこ》ることになってしまいました。

「退屈《たいくつ》だなあ。」
夕食《ゆうしょく》として買《か》ってきたハンバーガーも
食《た》べてしまい、
テレビをボーッと見《み》るだけの夏帆《かほ》さんは、
特《とく》にすることがありません。
時刻《じこく》は夜《よる》の八時《はちじ》になりました。
しかたがないので、
ひまつぶしに携帯《けいたい》ゲームでもしようと
アプリを開《ひら》いたときです。
ふすまで仕切《しき》られた隣《となり》の部屋《へや》から、
急《きゅう》に足音《あしおと》が聞《き》こえてきました。

〝ズルッ・・・・・・
ズルッ・・・・・・・!!〟

ちょっと足《あし》を引《ひ》きずって歩《ある》くような音《おと》です。
もちろん、家《いえ》には夏帆《かほ》さん以外《いがい》に
だれもいません…。
実《じつ》は、夏帆《かほ》さんの家《いえ》には時々《ときどき》、
この世《よ》のものではないものが現《あらわ》れるのです。

『またか…!』
ある程度《ていど》慣《な》れている夏帆《かほ》さんですが、
今夜《こんや》は一人《ひとり》きりなので
さすがに怖《こわ》くなってきました。

そこで夏帆《かほ》さんは、
『ふすまを閉《し》めているから怖《こわ》いんだ！』
と思《おも》い、勇気《ゆうき》を出《だ》して隣《となり》の部屋《へや》のふすまを
開《あ》けてみました。
でも、隣《となり》の部屋《へや》には…だれもいません。
気味悪《きみわる》さを感《かん》じながら隣《となり》の部屋《へや》に入《はい》り、
すばやく電気《でんき》をつけて、ふすまを開《あ》けたまま
今《いま》までいた部屋《へや》にもどりました。
ゲームで気《き》をまぎらわせますが、
そんな間《あいだ》も、
〝ズルッ……
ズルッ……〟

電気《でんき》のついた隣《となり》の部屋《へや》の中《なか》で足音《あしおと》は
続《つづ》いています。
でも、姿《すがた》はどこにも見《み》えません。
こうしているうちに夜《よる》の十時《じゅうじ》に
なりました。
我慢《がまん》できなくなった夏帆《かほ》さんは、
親友《しんゆう》の早紀《さき》さんに電話《でんわ》をしました。
〝ズルッ……
ズルッ……〟

足音《あしおと》が鳴《な》りやみません。
「もしも〜し！
私《わたし》〜。今《いま》、一人《ひとり》で留守番《るすばん》してるよ〜！」
怖《こわ》さを忘《わす》れるため、
少《すこ》しテンションを上《あ》げて話《はな》す夏帆《かほ》さん。

「そうなの、夏帆《かほ》一人《ひとり》なの…。」
それから二人《ふたり》は、しばらくの間《あいだ》、
友《とも》だちのことやテレビ番組《ばんぐみ》の話題《わだい》などを
楽《たの》しく話《はな》しました。
ですが…。
はじめは、うれしそうに話《はな》していた
早紀《さき》さんの態度《たいど》が…。

「…うん。」

「…ふう〜ん。」

と、少《すこ》しずつ不《ふ》きげんそうな
感《かん》じに変《か》わってきました。

気《き》になった夏帆《かほ》さんは、

「何《なに》？　どうしたの…？」

と、問《と》いかけてみました。すると、

「夏帆《かほ》、本当《ほんとう》に家《いえ》から電話《でんわ》しているの…。」

「え？　家《いえ》で一人留守番《ひとりるすばん》してるって
言《い》ったじゃん。」

「でも、さっきから、横《よこ》でしゃべっている
おじさんはだれ？」

「……え？　テレビはついてるけど、
一人《ひとり》だってば！」

「夏帆《かほ》のそばで、
〝だれと電話《でんわ》を
してるんだ〟
と、言《い》ってるおじさんは
だれなの？」

家《いえ》でおこった怖《こわ》い話《はなし》

第《だい》2話《わ》

インターホン

お父《とう》さんが単身赴任《たんしんふにん》で留守《るす》、
お母《かあ》さんが友《とも》だちとの会食《かいしょく》で
ちょっと遅《おそ》くなるというので、
一人《ひとり》っ子《こ》の優《ゆう》さんが
留守番《るすばん》を頼《たの》まれたある日《ひ》の夜《よる》のことです
マンションはシーンと静《しず》まりかえっています。
夜九時半《よるくじはん》ごろでした。

優《ゆう》さんの家《いえ》はマンションの一階《いっかい》なので、

ゴミの回収場所《かいしゅうばしょ》はすぐ近《ちか》くです。
明日《あした》はゴミ回収《かいしゅう》の日《ひ》です。
お母《かあ》さんも前《まえ》の日《ひ》の夜《よる》によくゴミを出《だ》すので、
優《ゆう》さんも今日《きょう》のうちにゴミを持《も》っていこうと思《おも》いました。
優《ゆう》さんは、ゴミ袋《ぶくろ》を両手《りょうて》に持《も》って部屋《へや》の玄関《げんかん》を出《で》ました。
ガシャンと閉《し》まるドア。
回収《かいしゅう》スペースに向《む》かって歩《ある》き始《はじ》めたときです。

そのときでした。

〝ガチャ〟

とつじょ、自分《じぶん》の部屋《へや》のインターホンの
スピーカーから、何《なに》か音《おと》が聞《き》こえてきました。
思《おも》わず足《あし》を止《と》めた優《ゆう》さん。

それは、部屋《へや》の中《なか》のインターホンのスイッチが入《はい》ったときの機械音《きかいおん》のようです。
優《ゆう》さんは不思議《ふしぎ》だなと思《おも》って、玄関《げんかん》の外《そと》のインターホンの前《まえ》まで戻《もど》りました。
部屋《へや》の中《なか》からは、〝ツーッ〟という機械音《きかいおん》のみが流《なが》れてきます…。
『変《へん》なの。』と、思《おも》いながらも、
ゴミを置《お》いてきてから直《なお》そうと思《おも》って、
回収《かいしゅう》スペースに向《む》かおうとしたときです。

「…ふふふふ…。」

スピーカーから聞《き》こえてきたのは、
女性《じょせい》の低《ひく》い笑《わら》い声《ごえ》です！
部屋《へや》の中《なか》にはだれもいないことを知《し》っている優《ゆう》さんは、
全身《ぜんしん》に寒気《さむけ》が走《はし》りました。

「きゃあああああ!!」

びっくりした優《ゆう》さんは、その場《ば》にうずくまってしまいました。
しばらくすると、帰《かえ》ってきたお母《かあ》さんの声《こえ》がしました。
「優《ゆう》ちゃん、何《なに》してるの？」
「お母《かあ》さん、部屋《へや》の中《なか》から声《こえ》が…。」
「何《なに》、変《へん》なことを言《い》っているの。さあ、入《はい》りましょう。」
部屋《へや》に入《はい》ったお母《かあ》さんは、
部屋《へや》の中《なか》にだれもいないのを確認《かくにん》してから、
インターホンを見《み》ましたが異常《いじょう》はありません。
お母《かあ》さんはおみやげに買《か》ってきたスイーツをテーブルに出《だ》しながら、
「優《ゆう》、ベランダの窓《まど》は閉《し》まっているし、
だれも入《はい》ったようすがないので、大丈夫《だいじょうぶ》よ。」と、言《い》いました。
次《つぎ》の日《ひ》、学校《がっこう》で友《とも》だちに昨日《きのう》のできごとを話《はな》すと、友《とも》だちは
「優《ゆう》、霊《れい》は窓《まど》が閉《し》まっていても入《はい》ってくるよ。」と、言《い》いました。

家《いえ》でおこった怖《こわ》い話《はなし》

第《だい》3話《わ》

引《ひ》っ張《ぱ》られる

心美《ここみ》さんの一家《いっか》は、
三階《さんかい》建《だ》てのマンションの
三階《さんかい》に住《す》んでいました。
心美《ここみ》さんには、
小《ちい》さな妹《いもうと》がいます。

ある日《ひ》の夜更《よふ》け、
心美《ここみ》さんがいつものように
自分《じぶん》の部屋《へや》で眠《ねむ》っていたときです。

『あれっ、何《なに》かおかしい…。』

自分《じぶん》の眠《ねむ》っている姿《すがた》が見《み》えるのです。
しばらくすると、隣《となり》の部屋《へや》で眠《ねむ》っている、
お父《とう》さんやお母《かあ》さん、妹《いもうと》の姿《すがた》を
部屋《へや》の天井《てんじょう》の隅《すみ》から
見下《みお》ろしていたのです。

『あれっ、夢《ゆめ》かな？』

さすがに、
自分《じぶん》の寝姿《ねすがた》が見《み》えたので
そう思《おも》いました。
突然《とつぜん》！　ぐん、と少《すこ》し後《うし》ろに引《ひ》っ張《ぱ》られる
感覚《かんかく》とともに、
見《み》えている光景《こうけい》が流《なが》れました。

気《き》がつくと、
心美《ここみ》さんは寝室《しんしつ》の窓越《まどご》しに
外《そと》から部屋《へや》の中《なか》を
見《み》ていました。

部屋《へや》の中《なか》はさっきと全《まった》く変《か》わらずに、
家族《かぞく》が並《なら》んで眠《ねむ》っています。
また、引《ひ》っ張《ぱ》られる感覚《かんかく》がありました。
さっと景色《けしき》が流《なが》れると、
どこか見覚《みおぼ》えのある部屋《へや》の中《なか》にいます…。
そこは、同《おな》じマンションの隣《となり》の棟《とう》に住《す》む
船越《ふなこし》さんの部屋《へや》でした。

船越《ふなこし》さんの部屋《へや》の窓《まど》の向《む》こうに、
なぜか自分《じぶん》の部屋《へや》の寝室《しんしつ》が見《み》えます。
しかも、心美《ここみ》さんや
家族《かぞく》の眠《ねむ》る姿《すがた》が見《み》えています。

船越《ふなこし》さんの部屋《へや》のカーテンは
閉《し》められているのに、
はっきりと家族《かぞく》が見《み》えるのです。

『変《へん》なの〜。』

不思議《ふしぎ》な夢《ゆめ》だなと心美《ここみ》さんは思《おも》いました。
また、引《ひ》っ張《ぱ》られる感覚《かんかく》がありました。
船越《ふなこし》さんの部屋《へや》が流《なが》れ、
マンションが流《なが》れ、
マンションの裏《うら》にある田《た》んぼの上《うえ》に
心美《ここみ》さんはいました。

はっきりと、
宙《ちゅう》に浮《う》いているのがわかりました。
風《かぜ》が吹《ふ》き、マンションの周《まわ》りの木々《きぎ》が
サワサワと音《おと》を立《た》てています。
足下《あしもと》の田《た》んぼでは、
まだ青《あお》い稲《いね》が揺《ゆ》れています。
心美《ここみ》さんのパジャマも
髪《かみ》も全《まった》く揺《ゆ》れないのに、
心美《ここみ》さんの手《て》や顔《かお》、
はだしの足《あし》には
風《かぜ》が当《あ》たっている
感《かん》じがするのです…。

『あ〜、これは夢《ゆめ》じゃないのかな〜。
だったら、
幽体離脱《ゆうたいりだつ》とか？』

好奇心旺盛《こうきしんおうせい》な心美《ここみ》さんは、
少《すこ》しワクワクしました。
そう思《おも》う間《あいだ》にも、心美《ここみ》さんは少《すこ》しずつ
引《ひ》っ張《ぱ》られていきます。
心美《ここみ》さんが見《み》ている景色《けしき》が
少《すこ》しずつ流《なが》れ続《つづ》けている…。
しだいに、今《いま》まで見《み》えていた家族《かぞく》の姿《すがた》が
小《ちい》さくなり始《はじ》めました。

今《いま》まではワクワクしていましたが、
『……もしかして、このまま離《はな》れすぎたら
戻《もど》れなくなるんじゃないの……？』
初《はじ》めて、心美《ここみ》さんは怖《こわ》くなりました。
『それはいやだ！　だったら夢《ゆめ》のほうがいい!!』

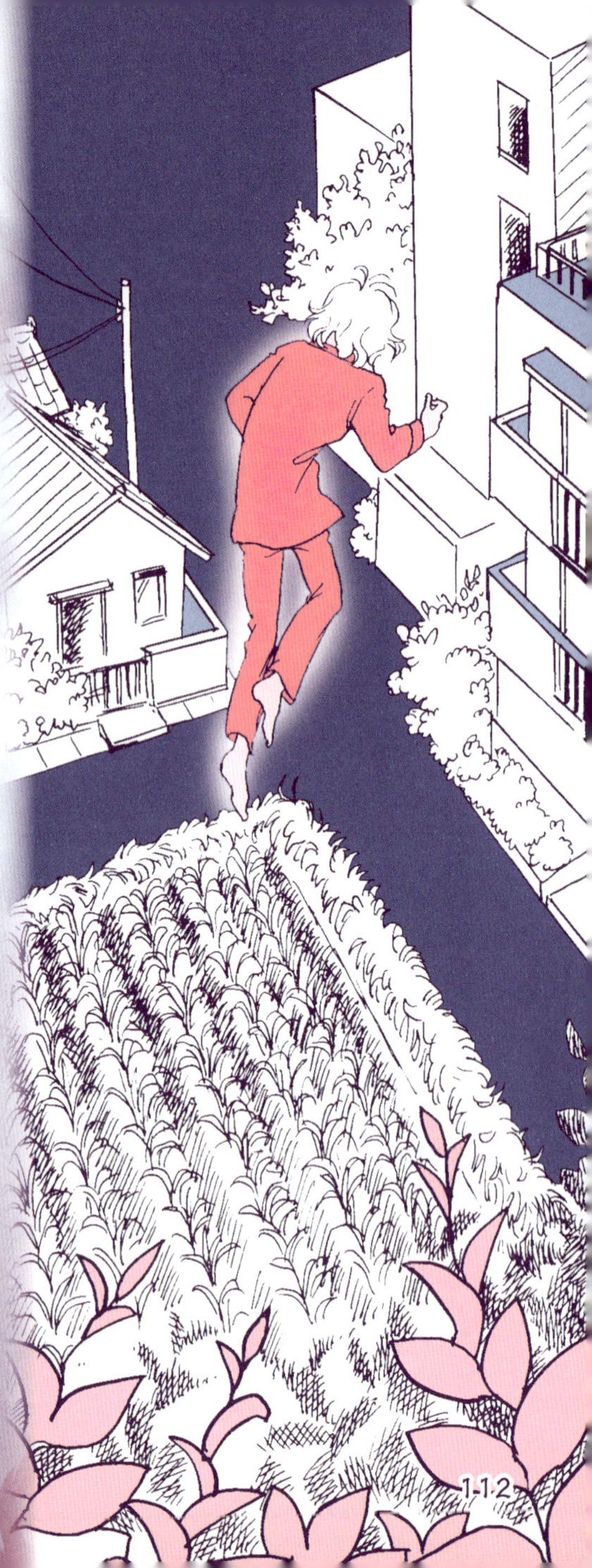

そう思《おも》った心美《ここみ》さんは、
自分《じぶん》を引《ひ》っ張《ぱ》る力《ちから》に少《すこ》し抵抗《ていこう》してみました。
次《つぎ》の瞬間《しゅんかん》、身体《からだ》がビクッ！として、
心美《ここみ》さんは自分《じぶん》が見《み》ていた自分《じぶん》の寝姿《ねすがた》と
全《まった》く同《おな》じ姿勢《しせい》で、寝室《しんしつ》の天井《てんじょう》を

見《み》つめていました。

「今《いま》でも、風《かぜ》や空気《くうき》の肌《はだ》ざわりも、
田《た》んぼの青《あお》いにおいも全部《ぜんぶ》覚《おぼ》えてるし、
あれは夢《ゆめ》じゃないと思《おも》う。」

心美《ここみ》さんはそう言《い》います。

友《とも》だちにこのできごとを話《はな》したら、
「そんなことを言《い》うと、
変《へん》な人《ひと》だと思《おも》われるからやめなよ。」
と言《い》われましたが、
話《はな》していて改《あらた》めて思《おも》い出《だ》したことが
あります。

当時《とうじ》住《す》んでいたマンションの裏《うら》。
田《た》んぼの向《む》こうには、

お墓《はか》があり、
心美《ここみ》さんが
引《ひ》っ張《ぱ》られたのは
その方向《ほうこう》だったのです。

心美《ここみ》さんは、
「お墓《はか》の方向《ほうこう》にもっと強《つよ》く引《ひ》っ張《ぱ》られたら、
二度《にど》と戻《もど》れなかったかも…。」と思《おも》ったら、
夜《よる》、眠《ねむ》るのが怖《こわ》くなってきました。

家《いえ》でおこった怖《こわ》い話《はなし》 第《だい》4話《わ》

泣《な》いているのはだれ？

小学生《しょうがくせい》の莉央《りお》さんは、両親《りょうしん》と妹《いもうと》、そして犬《いぬ》のゴンベとともにごく普通《ふつう》の一軒家《いっけんや》に住《す》んでいました。

何年《なんねん》か前《まえ》までは、おばあちゃんも一緒《いっしょ》に暮《く》らしていましたが、体調《たいちょう》を崩《くず》してからは介護施設《かいごしせつ》に入所《にゅうしょ》しました。

それからは家族四人《かぞくよにん》と犬《いぬ》のゴンベですごしていたそうです。

ある日《ひ》の朝《あさ》、莉央《りお》さんの家《いえ》に
〝おばあちゃんの容態《ようだい》がかなり悪化《あっか》している〟
という連絡《れんらく》が入《はい》りました。

莉央《りお》さんは、家族《かぞく》とともに急《いそ》いで出《で》かける支度《したく》を始《はじ》めました。

すると…。

「ううう……う…うっ…うっ…。」

どこからか、男《おとこ》のむせび泣《な》くような声《こえ》が聞《き》こえてきました。

「えっ…、お父《とう》さんが泣《な》いているの？」

そう思《おも》った莉央《りお》さんは、
身支度《みじたく》を終《お》えて、すぐにお父《とう》さんのところへ行《い》きました。

「あれ？」

見《み》ると、莉央《りお》さんのお父《とう》さんは泣《な》いてなんかいません…。

どうやらお父《とう》さんもその泣《な》き声《ごえ》に気《き》づいていて、

「だれか…泣《な》いてるよなあ？」と、
お母《かあ》さん、妹《いもうと》とともに、
全員《ぜんいん》でその声《こえ》の主《ぬし》をさがし始《はじ》めました。

「ううう……う…うっ…うっ…。」

聞《き》こえてくるその泣《な》き声《ごえ》の出《で》どころに少《すこ》しずつ
近《ちか》づいていきました。

そしてついにその場所《ばしょ》に
たどり着《つ》きました！
そこは庭先《にわさき》です。
泣《な》いていたのは何《なん》と、

犬《いぬ》のゴンベ！

「ううう……うぇ〜っ…うっ…うっ…ううう。」

家族全員《かぞくぜんいん》が人《ひと》だと間違《まちが》えるほど人間《にんげん》そっくりの声《こえ》で、ゴンベはすわったまま鳴《な》いていたのです…。

びっくりするできごとに、莉央《りお》さんたちはその場《ば》に立《た》ちつくしてしまいました。

すると！

〝トゥルルルルルッ!! トゥルルルルルッ!!〟

と、家《いえ》の電話《でんわ》が鳴《な》り響《ひび》きました。

その電話《でんわ》は介護《かいご》施設《しせつ》からの

〝たった今《いま》おばあちゃんが亡《な》くなった〟

という知《し》らせでした。

おばあちゃんは元気《げんき》だった頃《ころ》から、

ずっとゴンべをかわいがっていました。

「ゴンべにはわかったのか…。」

お父《とう》さんは少《すこ》し目《め》に涙《なみだ》をにじませながら、そうつぶやきました…。

ゴンべが人間《にんげん》の声《こえ》そっくりで鳴《な》いたのは、

それが最初《さいしょ》で最後《さいご》だったそうです。

階《かい》段《だん》

夏休《なつやす》みのある日《ひ》、萌香《もえか》さんは、
友《とも》だちの絢音《あやね》さんの家《いえ》に
お菓子《かし》やジュースを持《も》って
遊《あそ》びに行《い》きました。

玄関《げんかん》でお母《かあ》さんにあいさつをして、
萌香《もえか》さんは、絢音《あやね》さんの部屋《へや》がある
二階《にかい》に向《む》かおうと、
家《いえ》の奥《おく》の階段《かいだん》に足《あし》をかけました。

その階段《かいだん》は上《あ》がりきると、
絢音《あやね》さんの部屋《へや》があります。

萌香《もえか》さんは、
トントンと階段《かいだん》を数段《すうだん》上《あ》がったところで、
二階《にかい》のほうを見上《みあ》げました。
すると、階段《かいだん》を上《あ》がりきったところに
何《なに》かがあることに気《き》づきました。

「ん？」萌香《もえか》さんの見《み》たものは…。

それは〝足《あし》〟

はだしでスラッとした二本《にほん》の足《あし》が、
階段《かいだん》を上《あ》がりきったところにある
壁《かべ》の左側《ひだりがわ》から
ニョキッ！と、
両方《りょうほう》のすねを見《み》せるようにして
突《つ》き出《だ》していたのです。

『イタズラしてんのは、絢音《あやね》だなあ…。』

萌香《もえか》さんは、
絢音《あやね》さんが左側《ひだりがわ》のろう下《か》にイスを置《お》いて、
その上《うえ》に寝《ね》そべって
足《あし》だけを出《だ》しているのだと思《おも》い、

笑《わら》いながら
階段《かいだん》を一歩《いっぽ》一歩《いっぽ》上《あ》がっていきました。

二本足《にほんあし》にどんどん近《ちか》づき、
ついに階段《かいだん》を上《あ》がりきったときに、

「コラ！」

萌香《もえか》さんは、二本《にほん》の足《あし》の胴体《どうたい》があるはずの
左側《ひだりがわ》のろう下《か》のほうに大声《おおごえ》でさけびました。

しかし…。

「あれ？」

そこにはだれもいない…。

いるはずのイタズラを仕掛《しか》けた絢音《あやね》さんの
姿《すがた》はなく、

気《き》がつくとあの二本《にほん》の足《あし》も
消《き》えているのです。

「…え？」

萌香《もえか》さんには今《いま》、自分《じぶん》の前《まえ》でおこったことが、
何《なん》だったのか？　全《まった》くわかりません…。

しばらくろう下《か》に立《た》っていた萌香《もえか》さんは、
ともかく絢音《あやね》さんの部屋《へや》に行《い》くことにしました。

部屋《へや》の前《まえ》で声《こえ》をかけると、
「待《ま》ってたよ！」と
絢音《あやね》さんがドアを開《あ》けて、
萌香《もえか》さんを招《まね》き入《い》れました。
そして萌香《もえか》さんは、
すぐに今《いま》おきたできごとを絢音《あやね》さんに
話《はな》しました。
すると、
「…そうかぁ、やっぱりなぁ。」と
へんに納得《なっとく》したかのような受《う》け答《こた》えが
返《かえ》ってきました。

「何《なに》よ、やっぱりって⁉」
萌香《もえか》さんは聞《き》き返《かえ》します。
すると、絢音《あやね》さんは、
こう答《こた》えたそうです。
「あのね、ちょっと前《まえ》から
何《なん》だか変《へん》なのよ。
よく階段《かいだん》のほうから
去年《きょねん》、病気《びょうき》で亡《な》くなった妹《いもうと》の声《こえ》が
するの。」

〝お姉《ねえ》ちゃん、遊《あそ》ぼう。〟

家《いえ》でおこった怖《こわ》い話《はなし》 第《だい》6話《わ》

行進《こうしん》

純《じゅん》さんは夏休《なつやす》みに、N県《エヌけん》のおじさんの別荘《べっそう》に
遊《あそ》びに行《い》くことにしました。
駅《えき》までは、おじさんが車《くるま》で迎《むか》えに
きてくれるので安心《あんしん》です。
おいしい夕食《ゆうしょく》を食《た》べた後《あと》、
ゲームで遊《あそ》んでいると
「明日《あした》は、ハイキングに行《い》くので
朝《あさ》が早《はや》いのよ。」と、おばさんが言《い》うので、
もう少《すこ》しゲームをしたかったけど、
寝《ね》ることにしました。
ふとんに入《はい》ってしばらくして、純《じゅん》さんが
ウトウトし始《はじ》めたころでした…。
突然《とつぜん》、全身《ぜんしん》がビクとも
動《うご》かない、
金縛《かなしば》りの状態《じょうたい》に…!!
純《じゅん》さんが必死《ひっし》に体《からだ》を動《うご》かそうとすると、
耳《みみ》に、奇妙《きみょう》な音《おと》が

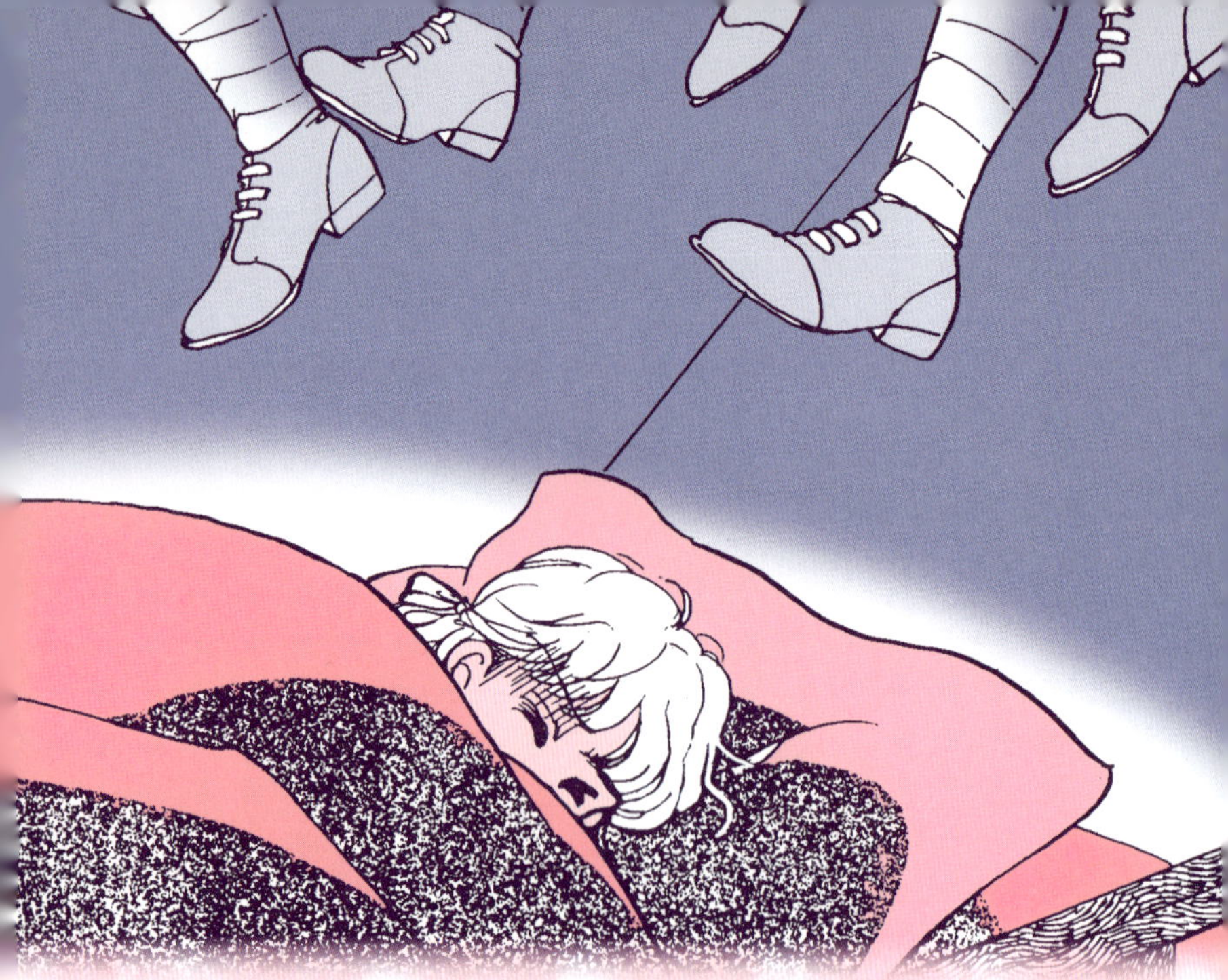

入《はい》ってきました…。

〃ザッ！ザッ！ザッ！〃

まるで、大勢《おおぜい》の人間《にんげん》が一定《いってい》のリズムで行進《こうしん》しているかのような足音《あしおと》です。
その足音《あしおと》は、寝《ね》ている純《じゅん》さんの頭《あたま》のすぐ上《うえ》から聞《き》こえてきます。
『頭《あたま》を踏《ふ》みつけられるかも？』と思《おも》うほど、近《ちか》くから聞《き》こえてくる足音《あしおと》…。
ですが、純《じゅん》さんの頭上《ずじょう》のすぐそばには壁《かべ》しかありません。

『壁《かべ》の中《なか》をだれかが行進《こうしん》してる!?』

足音《あしおと》が遠《とお》のくまで、純《じゅん》さんはふとんの中《なか》で
震《ふる》え上《あ》がっていました。

次《つぎ》の日《ひ》の朝《あさ》、
ハイキングの途中《とちゅう》でおじさんに
「昨日《きのう》の夜遅《よるおそ》く別荘《べっそう》にお客《きゃく》さんが
あったの…?」と、聞《き》きました。
「いや、だれも来《こ》なかったけど、
純《じゅん》も足音《あしおと》を聞《き》いたのかい。
怖《こわ》かっただろう。」

と言《い》いました。
純《じゅん》さんは、昨夜《さくや》の奇怪《きかい》な現象《げんしょう》を
話《はな》しました。
すると、おじさんは、

「実《じつ》は…、
別荘《べっそう》の東隣《ひがしどなり》の
足音《あしおと》が行《い》き来《き》する
方向《ほうこう》には、戦争中《せんそうちゅう》、
陸軍《りくぐん》の司令部《しれいぶ》だった
施設《しせつ》があったんだよ。
そこの兵隊《へいたい》たちが
八月十五日《はちがつじゅうごにち》の
終戦記念日《しゅうせんきねんび》になると、
必《かなら》ず付近《ふきん》を
行進《こうしん》するんだよ。」
と、教《おし》えてくれました。

戦争《せんそう》が終《お》わって、
すでに約七十年《やくななじゅうねん》たちましたが
兵隊《へいたい》たちが
行進《こうしん》を止《や》めるときは
まだ来《こ》ないのでしょうか…。

家《いえ》でおこった怖《こわ》い話《はなし》 第《だい》7話《わ》
晴《は》れ女《おんな》
ある晴《は》れた日《ひ》のこと
線路沿《せんろぞ》いにある私《わたし》の家《いえ》に
仲良《なかよ》しの美琴《みこと》ちゃんが遊《あそ》びに来《き》てくれました。
沖野蓮
莉乃《りの》ちゃん遊《あそ》びに来《き》たよ。
美琴《みこと》ちゃん、いらっしゃい!!
今日《きょう》は来《き》てくれてありがとう!
上《あ》がって!

莉乃《りの》ちゃんのお部屋《へや》、二階《にかい》？
うん。
どうぞ。
!!?
ゾワッ

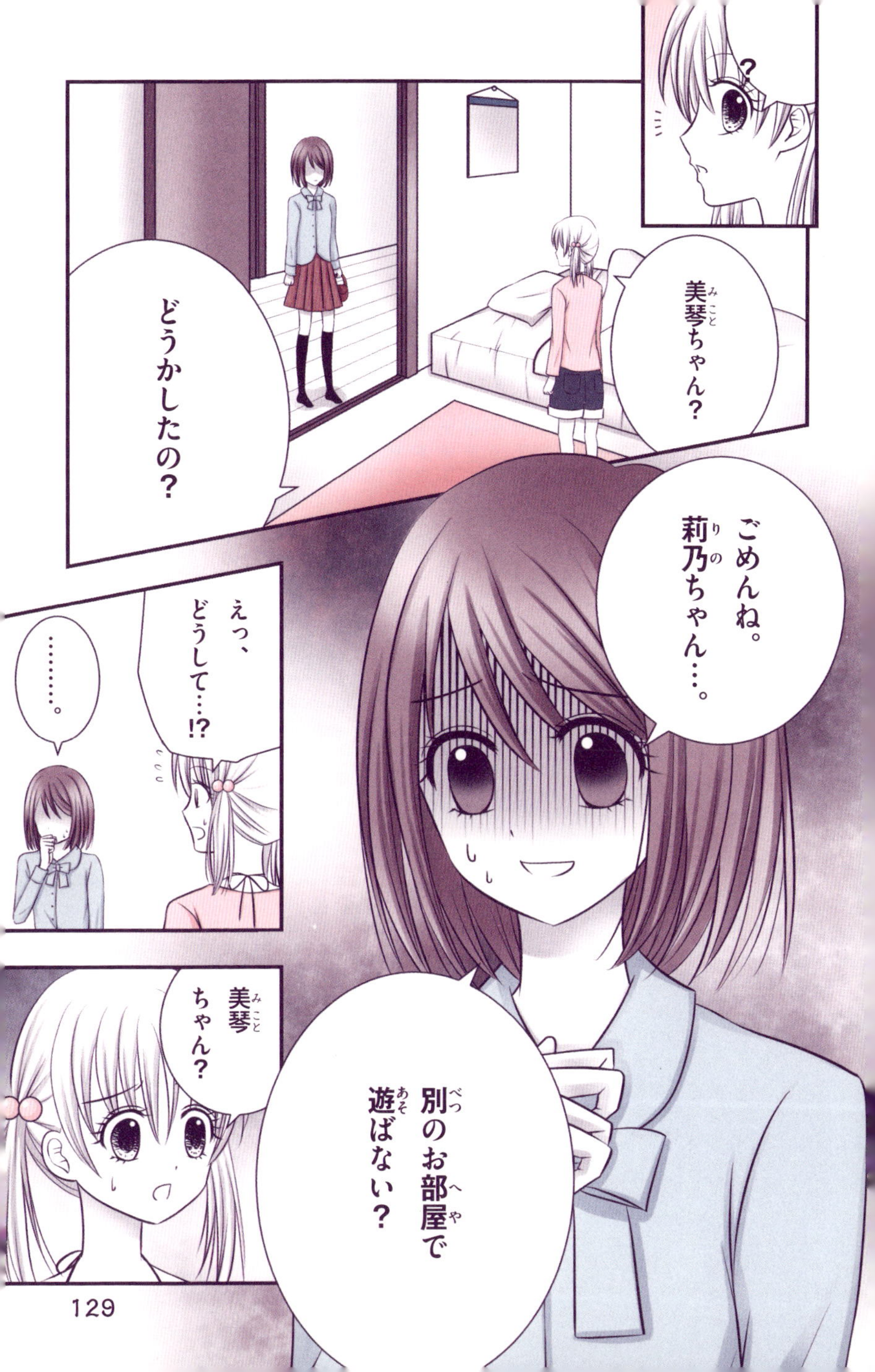
？
美琴《みこと》ちゃん？
どうかしたの？
ごめんね。莉乃《りの》ちゃん…。
えっ、どうして…!?
……。
別《べつ》のお部屋《へや》で遊《あそ》ばない？
美琴《みこと》ちゃん？

うーん、それじゃこっちの部屋《へや》にしようか…？
うん…、ごめんね。
私《わたし》は、とても不思議《ふしぎ》に思《おも》いましたが、美琴《みこと》ちゃんは何《なに》も言《い》わないので…。
結局《けっきょく》、その日《ひ》は向《む》かいの部屋《へや》で遊《あそ》ぶことにしました。
それから数日《すうじつ》たった雨《あめ》の日《ひ》。
また、美琴《みこと》ちゃんが遊《あそ》びに来《き》ました。
それじゃ、今日《きょう》も向《む》かいの部屋《へや》で遊《あそ》ぼう。
うん。
!?

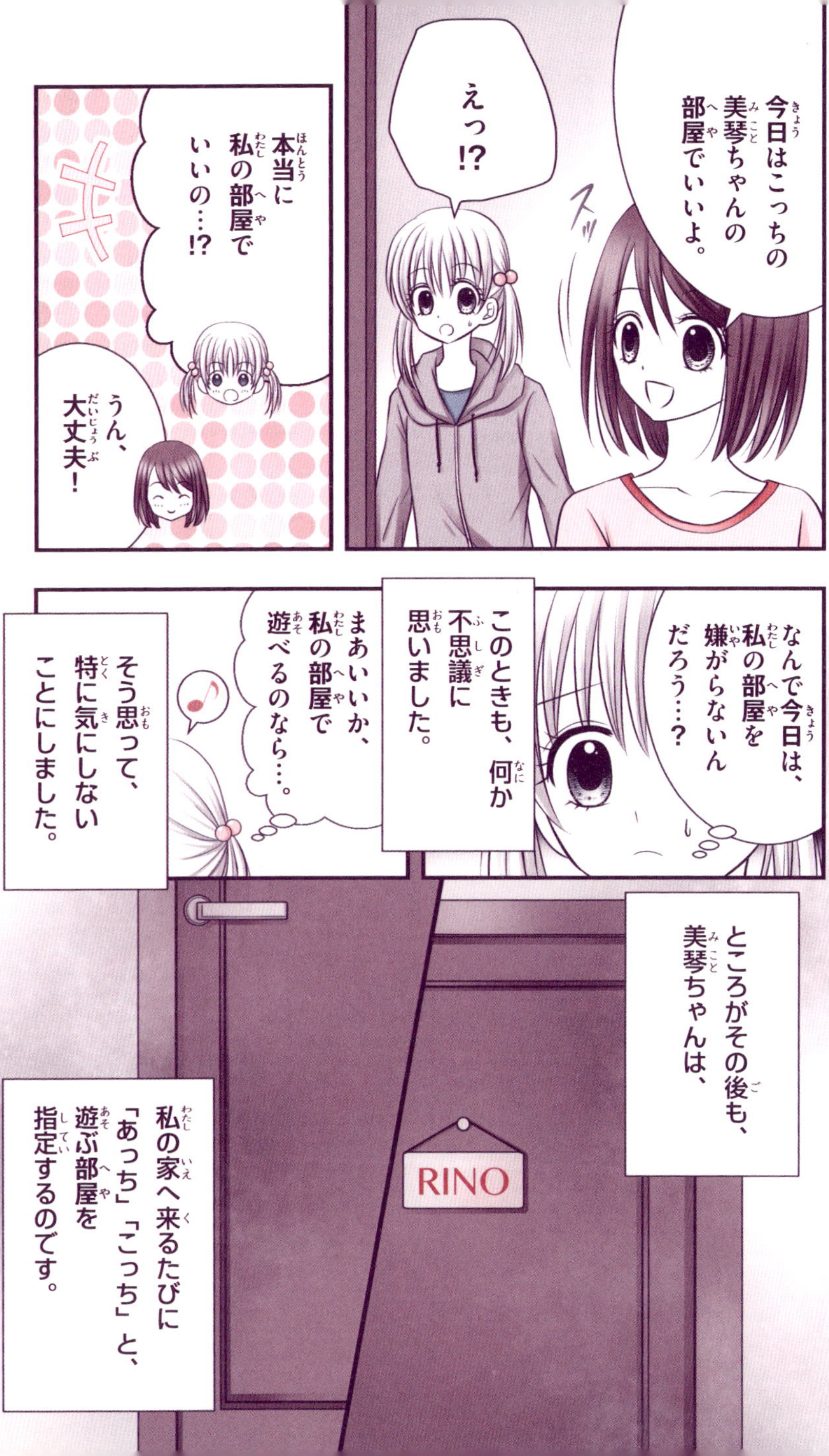
今日《きょう》はこっちの美琴《みこと》ちゃんの部屋《へや》でいいよ。
スッ
えっ!?
本当《ほんとう》に私《わたし》の部屋《へや》でいいの…!?
うん、大丈夫《だいじょうぶ》!
なんで今日《きょう》は、私《わたし》の部屋《へや》を嫌《いや》がらないんだろう…?
このときも、何《なに》か不思議《ふしぎ》に思《おも》いました。
まあいいか、私《わたし》の部屋《へや》で遊《あそ》べるのなら…。
そう思《おも》って、特《とく》に気《き》にしないことにしました。
ところがその後《ご》も、美琴《みこと》ちゃんは、
RINO
私《わたし》の家《いえ》へ来《く》るたびに「あっち」「こっち」と、遊《あそ》ぶ部屋《へや》を指定《してい》するのです。

さすがに気《き》になった私《わたし》は…。
ねえ、美琴《みこと》ちゃん。どうしていつも遊《あそ》ぶ部屋《へや》を選《えら》んでいるの？
ぎくっ
実《じつ》は…、莉乃《りの》ちゃんの部屋《へや》の窓《まど》に変《へん》なのが見《み》えるみたいなの…。
えっ!?
初《はじ》めて莉乃《りの》ちゃんの部屋《へや》に遊《あそ》びに来《き》た日《ひ》にね…。
!
莉乃《りの》ちゃんの部屋《へや》の大《おお》きな窓《まど》に……。
ゾクッ

白《しろ》い着物《きもの》を着《き》た
長《なが》い髪《かみ》の女《おんな》の人《ひと》が
……。
窓《まど》の外《そと》に
ユラユラ
浮《う》いていたの……。

ひっ!!
ごめんね。莉乃《りの》ちゃん、別《べつ》の部屋《へや》で遊《あそ》ばない…?
えっ!? 何《なん》で!?
美琴《みこと》ちゃん?
あんなのが莉乃《りの》ちゃんの部屋《へや》の窓《まど》の外《そと》にいるなんて言《い》えない。
じゃ、じゃあ、こっちの部屋《へや》にしようか?
うん…、ごめんね。

ジュースとお菓子《かし》、持《も》ってくるね。
ありがとう。
ドア、開《あ》けっぱだけど、……この位置《いち》からなら見《み》えなさそう。
よかった……。
ニュッ
きゃああああ!!!!
ビクッ!

イヤッ!!
ダレカ……ミツケ…テ……。
!?
オネガ…イ…。
やだ…話《はな》かけないで!!やめて…!!
と、いうわけなの…。
……………!!
本当《ほんとう》に!本当《ほんとう》に!!窓《まど》の外《そと》に幽霊《ゆうれい》がいるの!?
うん……。
じゃ…じゃあさ。
何《なん》で日《ひ》によって、私《わたし》の部屋《へや》で遊《あそ》べたの?

なぜかは、わからないんだけど…。
はっきり見《み》えるのは、晴《は》れの日《ひ》だけなの。
雨《あめ》の日《ひ》だと、全《まった》く姿《すがた》が見《み》えなくて…。
くもりの日《ひ》はうっすら透明《とうめい》で、
雨《あめ》が降《ふ》ると消《き》えちゃうの。

だから、お天気《てんき》で部屋《へや》を決《き》めていたの。ごめんね!!
美琴《みこと》ちゃんは昔《むかし》から霊感《れいかん》があるらしく、そういうものをよく見《み》てしまうそう…。
でも、私《わたし》は幽霊《ゆうれい》なんて一度《いちど》も見《み》たことがないので、
怖《こわ》いと思《おも》いながらも、いつもどおり自分《じぶん》の部屋《へや》ですごしました。
カン
カン
カン
幽霊《ゆうれい》…。
本当《ほんとう》にここにいるのかな?
カン
カン
カン
私《わたし》には何《なに》も見《み》えないけど…。
カン
!?
カン

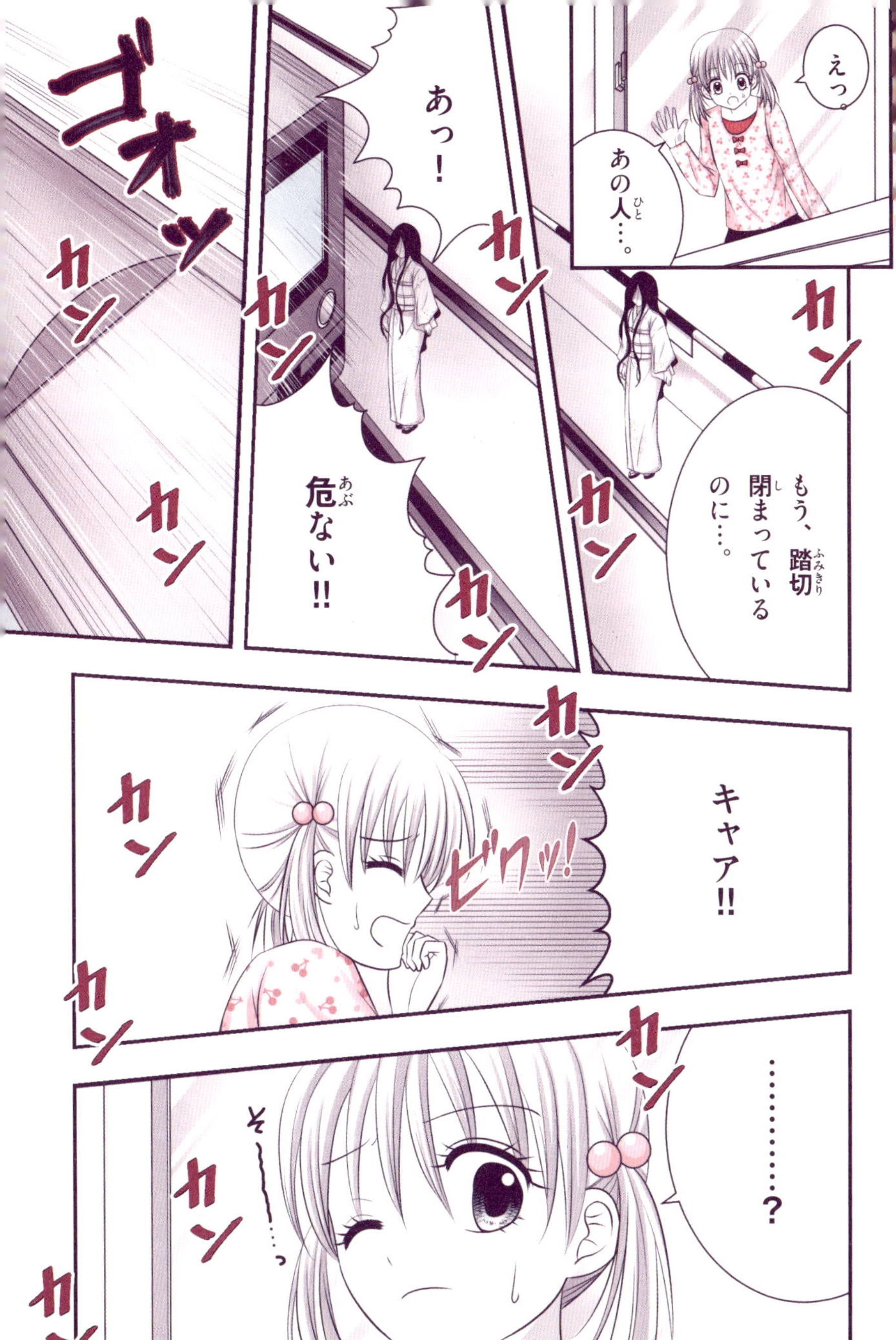
えっ。
あの人《ひと》…。
もう、踏切《ふみきり》閉《し》まっているのに…。
カンカン
あっ!
危《あぶ》ない!!
カンカン
ゴオッ
カンカン
キャア!!
ビクッ!
カンカン
……………?
そ〜……っ
カンカン

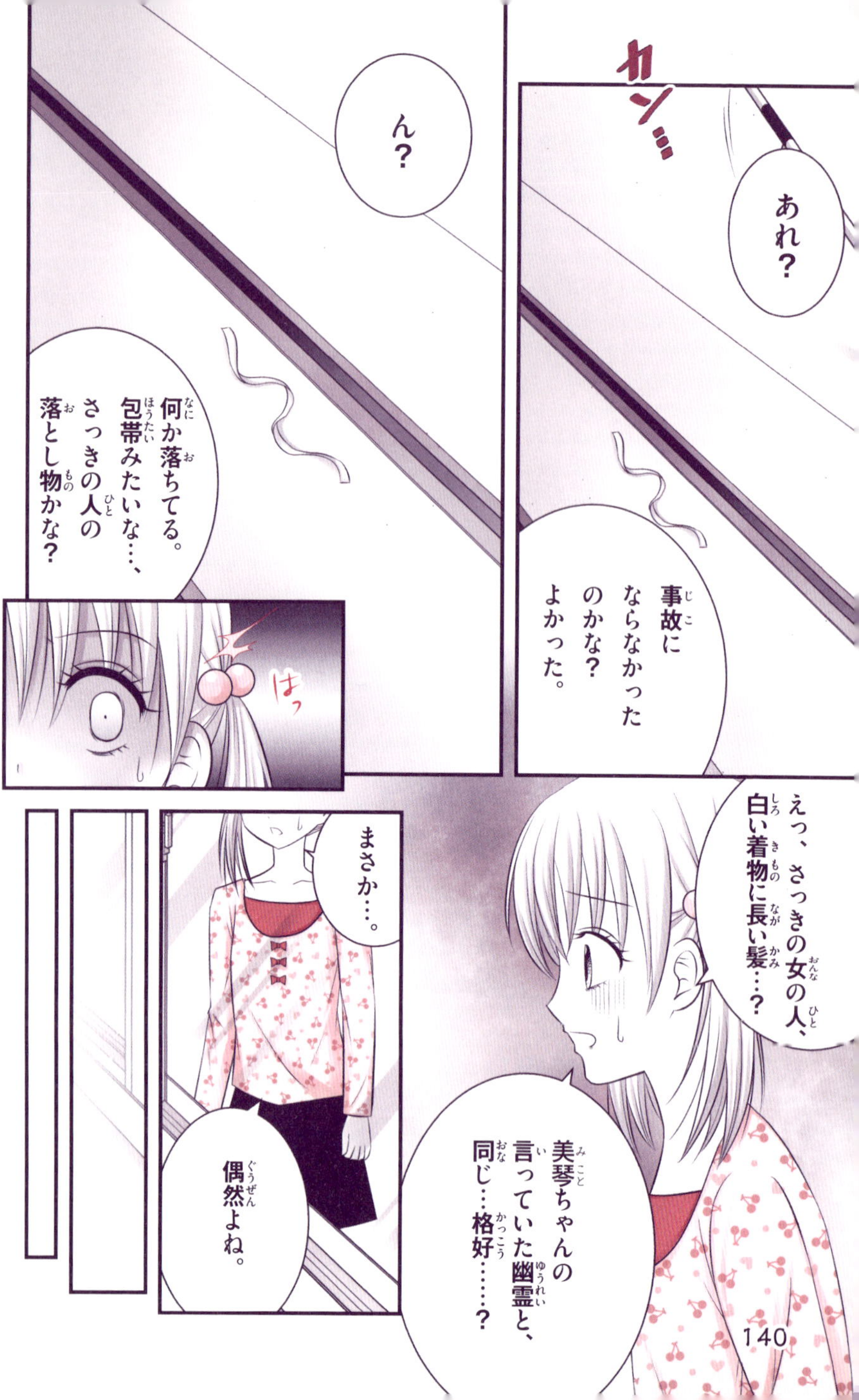
カン
あれ？
事故《じこ》にならなかったのかな？よかった。
ん？
何《なに》か落《お》ちてる。包帯《ほうたい》みたいな…、さっきの人《ひと》の落《お》とし物《もの》かな？
はっ
えっ、さっきの女《おんな》の人《ひと》、白《しろ》い着物《きもの》に長《なが》い髪《かみ》…？
美琴《みこと》ちゃんの言《い》っていた幽霊《ゆうれい》と、同《おな》じ…格好《かっこう》……？
まさか…。
偶然《ぐうぜん》よね。

次《つぎ》の日《ひ》――
ただいま。
ガチャ…
その嫌《いや》な予感《よかん》が的中《てきちゅう》してしまいます。
きゃあああ!!!

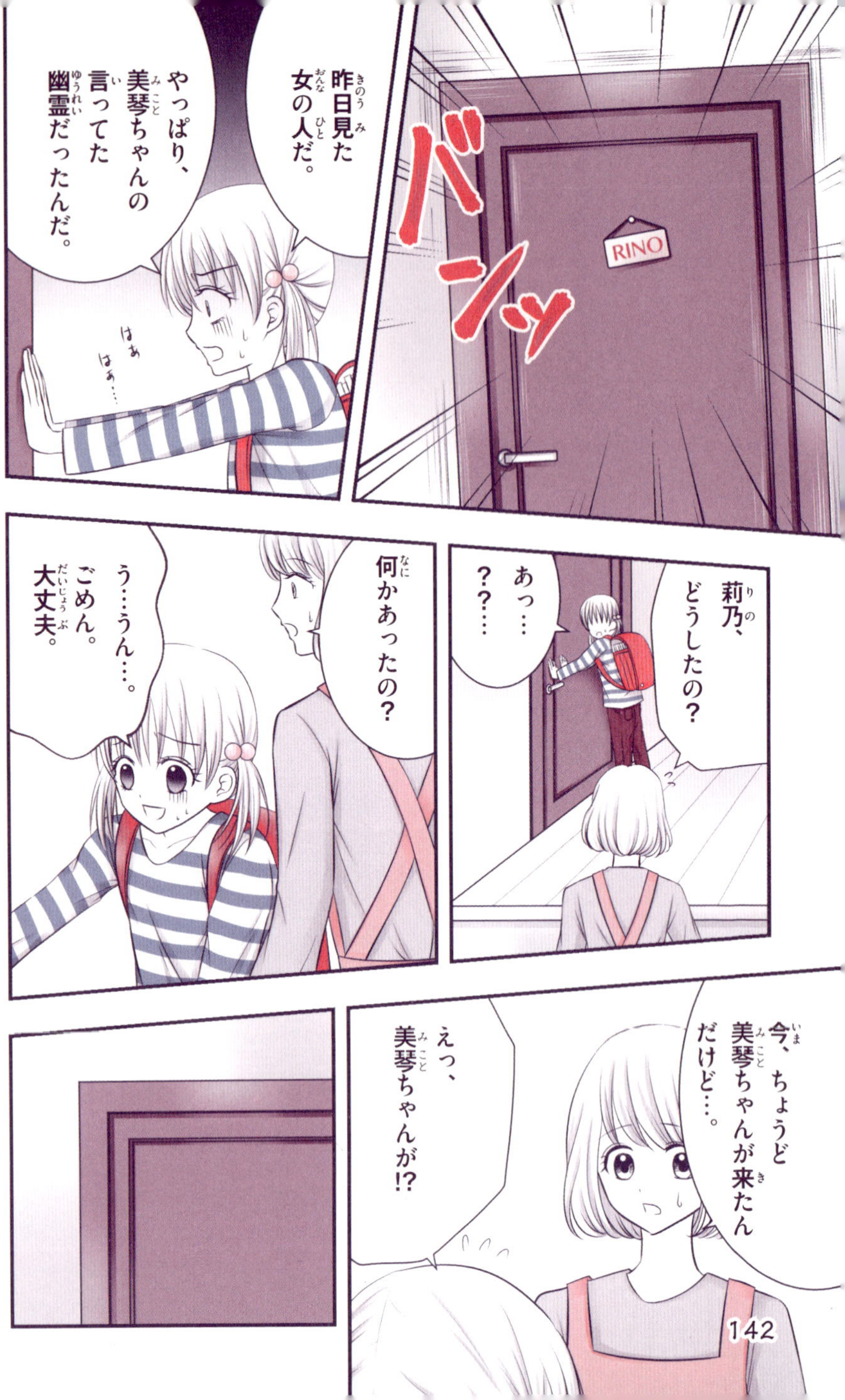
バンッ
RINO
昨日《きのう》見《み》た女《おんな》の人《ひと》だ。
やっぱり、美琴《みこと》ちゃんの言《い》ってた幽霊《ゆうれい》だったんだ。
はあ はあ…
莉乃《りの》、どうしたの？
あっ…？？…
何《なに》かあったの？
う…うん…。ごめん。大丈夫《だいじょうぶ》。
今《いま》、ちょうど美琴《みこと》ちゃんが来《き》たんだけど…。
えっ、美琴《みこと》ちゃんが!?

今日《きょう》はどうしたの？約束《やくそく》してないのに…。

実《じつ》は、莉乃《りの》ちゃんに話《はな》したいことがあって…。

そうなの!? でも、ちょうどよかった。

実《じつ》は、私《わたし》もあの幽霊《ゆうれい》、見《み》たの…。

莉乃《りの》ちゃんも!?

で、美琴《みこと》ちゃんの話《はなし》って？

私《わたし》も、そのことで聞《き》いた話《はなし》なんだけど…。

数《すう》か月前《げつまえ》のよく晴《は》れた日《ひ》にこの近《ちか》くの踏切《ふみきり》で事故《じこ》があって、女《おんな》の人《ひと》が亡《な》くなったらしいの。

その女《おんな》の人《ひと》が首《くび》の手術《しゅじゅつ》の後《あと》に包帯《ほうたい》を巻《ま》いていて
手術後《しゅじゅつご》の傷《きず》が残《のこ》らないか気《き》にしていたらしいの…。

でも、事故《じこ》にあったときその包帯《ほうたい》が取《と》れて…、
亡《な》くなった後《あと》、多《おお》くの人《ひと》にその傷《きず》を見《み》られたのが悲《かな》しくて
今《いま》も同時刻《どうじこく》の晴《は》れた日《ひ》にその包帯《ほうたい》を探《さが》してさまよっているんだって。
包帯《ほうたい》？
私《わたし》たち以外《いがい》にもその霊《れい》を見《み》たっていう人《ひと》がいるみたい。
包帯《ほうたい》!! そうだ！あるよ!!
えっ？
私《わたし》、昨日《きのう》見《み》たの!!
その包帯《ほうたい》が落《お》ちているところ。
行《い》ってみよう!!

あった。これだよ…。
ねえ、莉乃《りの》ちゃん、思《おも》ったんだけど…
この包帯《ほうたい》この人《ひと》の家《いえ》に届《とど》けてあげない？
〝ダレカミツケテ…〟って、声《こえ》がしたと言《い》ったでしょ？
きっとこの包帯《ほうたい》のことだと思《おも》うんだ。
これを届《とど》けてあげたら、あの女《おんな》の人《ひと》も成仏《じょうぶつ》できるかもしれないよ。
そっか…。そうだね。届《とど》けてあげよう!!

その後《ご》、私《わたし》たちは　その女《おんな》の人《ひと》の家《いえ》を訪《たず》ねて、
仏壇《ぶつだん》に手《て》を合《あ》わせました。
包帯《ほうたい》を家族《かぞく》に渡《わた》して、
わざわざ、ありがとうございました。
いえ。
確《たし》かにあの子《こ》は、首《くび》の傷《きず》をいつも気《き》にしていたわ…。
親《おや》なのに、もう少《すこ》し包帯《ほうたい》のことを気《き》にしてあげてたら…。
でも、あなたたちのおかげで、きっと成仏《じょうぶつ》できるわ。
あの子《こ》も感謝《かんしゃ》しているはずよ。

すごくキレイな女《おんな》の人《ひと》だね。
うん…だからこそ、傷《きず》が気《き》になっていたのかもね。
それ以来《いらい》、私《わたし》たちはあの女《おんな》の人《ひと》を
見《み》ることはありませんでした。
包帯《ほうたい》が見《み》つかったので、気持《きも》ちが楽《らく》になったのだと思《おも》います。

家《いえ》でおこった怖《こわ》い話《はなし》

第《だい》8話《わ》

一《いち》枚《まい》の絵《え》

明日花《あすか》さんが、叔母《おば》さんの家《いえ》にあった絵《え》のことを話《はな》してくれました。

私《わたし》の叔母《おば》の家《いえ》には、変《へん》な絵《え》が飾《かざ》られていました。

あざやかな民族衣装《みんぞくいしょう》のようなものを着《き》た男性《だんせい》と女性《じょせい》が、結婚式《けっこんしき》をあげているような絵《え》だったと思《おも》います。

どうして、はっきり覚《おぼ》えていないかというと、最初《さいしょ》に見《み》たときから気味《きみ》が悪《わる》くて、絵《え》に近《ちか》づかなかったからです。

その絵《え》は、飾《かざ》るところがなかったらしく、部屋《へや》の隅《すみ》に立《た》てかけられていました。

そんなある夏《なつ》の夜《よる》、叔母《おば》の家《いえ》に泊《と》まっていたときのできごとです。

夜中《よなか》にふと目《め》が覚《さ》めると、隣《となり》の部屋《へや》のほうから

〃カサカサ！
カサカサカサ!!〃
という変《へん》な音《おと》が聞《き》こえてきました。
『も、もしかして！　ゴキブリかな!?』
冷房《れいぼう》を入《い》れずに窓《まど》を開《あ》けて寝《ね》ていたので、
もしかするとそこから虫《むし》が入《はい》ったのかな？
一瞬《いっしゅん》、そう思《おも》いましたが、
何《なに》か違《ちが》う感《かん》じでした。
よく聞《き》くと、カサカサといっている音《おと》は、
一匹《いっぴき》ではなさそうなんです。

〝カサカサカサカサ
カサカサカサカサ
カサカサカサカサ〟

乾《かわ》いた音《おと》がずっと続《つづ》いています。
私《わたし》は、恐《おそ》る恐《おそ》る、隣《となり》の部屋《へや》を
見《み》てみました。

すると…！

何《なん》とも奇妙《きみょう》なことに、
例《れい》の絵《え》が暗闇《くらやみ》の中《なか》で
にぶ〜く光《ひか》っていたのです。

『えええええええ!?
何《なん》だあれ？』

…と、思《おも》いました。
ですが…、あまりに眠《ねむ》かったのと、
ゴキブリなどの虫《むし》ではないという安心感《あんしんかん》から、
そのままスーッと眠《ねむ》ってしまいました。
翌朝《よくあさ》、私《わたし》は、
『昨日《きのう》の音《おと》と光《ひかり》は何《なん》だったんだろう？』
と思《おも》い、
明《あか》るい場所《ばしょ》でその絵《え》に初《はじ》めて近《ちか》づきました。
すると、その絵《え》の正体《しょうたい》に気《き》づきました…！
色《いろ》とりどりのその絵《え》は、

何《なん》と全部《ぜんぶ》、
死《し》んだ蝶《ちょう》の羽《はね》を張《は》りつめて
作《つく》ったものだったのです！

叔母《おば》にすぐ、そのことを報告《ほうこく》すると、「あなたも見《み》たの!?」と叔母《おば》も同《おな》じ体験《たいけん》を

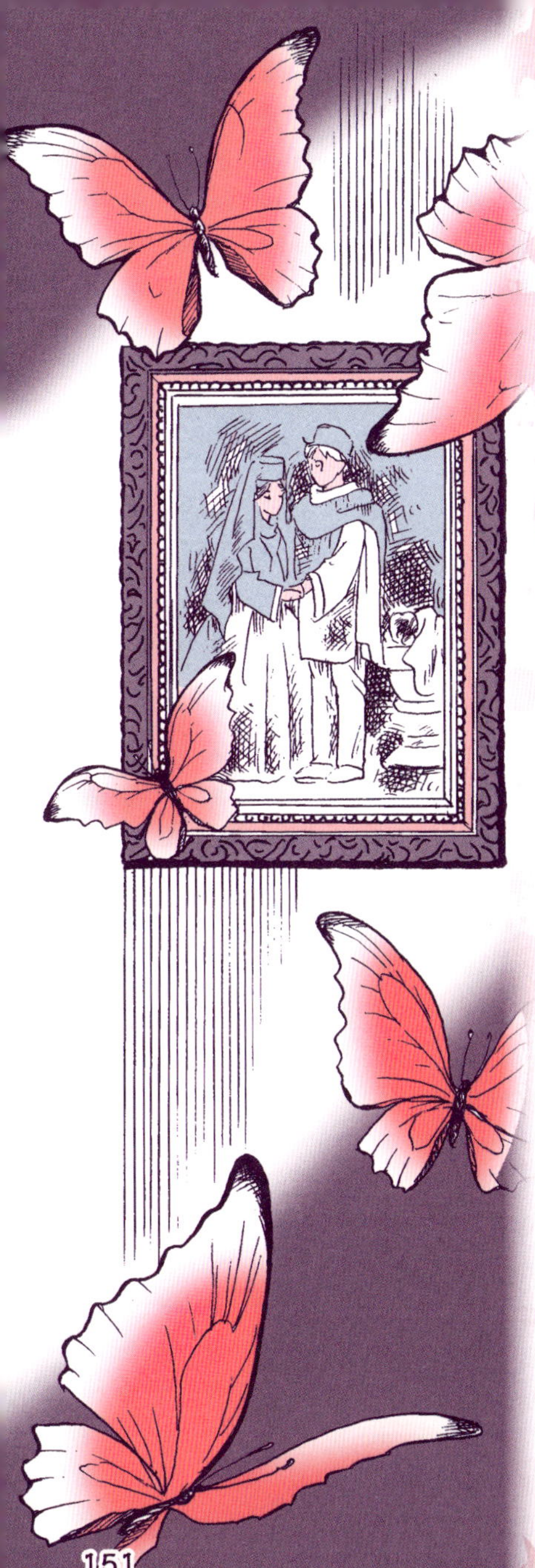

していたことがわかりました。
怖《こわ》くなった叔母《おば》は、その後《ご》すぐに人《ひと》にあげてしまったそうです。
今《いま》、あの蝶《ちょう》の絵《え》は、どこにあるのでしょうか？
もしかすると、あなたの家《いえ》のどこかに隠《かく》されているかもしれませんよ…。

家《いえ》でおこった怖《こわ》い話《はなし》 第《だい》9話《わ》

前《まえ》ぶれ

隼人《はやと》くんには、毎日気《まいにちき》ままに暮《く》らすおじいさんがいました。
自宅《じたく》の二階《にかい》で趣味《しゅみ》の革細工《かわざいく》をしながら、一階《いっかい》を飲食店《いんしょくてん》として貸《か》し出《だ》し、老後《ろうご》を送《おく》っていたそうです。

しかし、おじいさんは、ある時期《じき》にガンを患《わずら》ってしまいました。
入院《にゅういん》し、闘病《とうびょう》がしばらく続《つづ》くなかでおじいさんはすっかりやせてしまい、お見舞《みま》いに来《き》た隼人《はやと》くんも、衰弱《すいじゃく》したその姿《すがた》にびっくりして近寄《ちかよ》ることができなかったそうです。

ある夜《よる》のことでした。

おじいさんの家《いえ》の一階《いっかい》にある飲食店《いんしょくてん》でマスターが後片《あとかた》づけをしていたときです。
明《あ》け方《がた》の三時《さんじ》から四時頃《よじごろ》だったでしょうか、

二階《にかい》のおじいさんの部屋《へや》のほうから
〝トントン　トントン〟と、
木槌《きづち》の音《おと》がして
きたというのです！

マスターには耳《みみ》になじみのある音《おと》、
それはおじいさんが
革細工《かわざいく》をするときに
よく聞《き》こえてきた作業音《さぎょうおん》です。

〝トントン
トントン〟

再《ふたた》び響《ひび》いてきた木槌《きづち》の音《おと》。

もちろん二階《にかい》にはだれもいません…。
しかしマスターは、本能的《ほんのうてき》に
『おじいさんが来《き》てる！』と感《かん》じたそうです。

次《つぎ》に何《なに》かを感《かん》じたのは離《はな》れて暮《く》らす
隼人《はやと》くんの従弟《いとこ》とそのお母《かあ》さんです。
リビングで二人《ふたり》そろって、
くつろいでいたときでした。

〝ズズッ… ズズッ…〟
リビングの外《そと》のろう下《か》から
足《あし》を引《ひ》きずるような、
つらそうに歩《ある》く音《おと》が…。
〝ズズッ… ズズッ…〟

その音《おと》がリビングのドアの前《まえ》で
止《と》まりました。
ですが、二人《ふたり》とも不思議《ふしぎ》とその音《おと》を
聞《き》いても怖《こわ》くなかったそうです。
というのも、やはりその音《おと》の主《ぬし》が
『おじいさんかな？』と、
思《おも》いうかべることができたからです。

そして、その翌日《よくじつ》、
隼人《はやと》くんの家《いえ》に、スイスに住《す》んでいる

従姉《いとこ》から突然《とつぜん》の電話《でんわ》がありました。

「おじいちゃん、大丈夫《だいじょうぶ》？」

と、いきなり聞《き》いてきました。

なんだかイヤな予感《よかん》がしたので、
急《いそ》いで電話《でんわ》したというのです。

その電話《でんわ》の後《あと》、間《ま》もなくして
おじいさんは息《いき》を引《ひ》き取《と》りました…。
現《あらわ》れ方《かた》はいろいろでしたが、
おじいさんは最後《さいご》のあいさつをしようと、
みんなのところを
まわっていたのでしょうね…。

家《いえ》でおこった怖《こわ》い話《はなし》
第《だい》10話《わ》

見《み》つめるもの

霊感《れいかん》の強《つよ》い有紗《ありさ》さんの体験談《たいけんだん》です。

ある日《ひ》、有紗《ありさ》さんに友《とも》だちの美保《みほ》さんから久《ひさ》しぶりに連絡《れんらく》がありました。

美保《みほ》さんは体調《たいちょう》がすぐれないらしく、学校《がっこう》を休《やす》んでいます。

有紗《ありさ》さんはそんな美保《みほ》さんを心配《しんぱい》して、最近《さいきん》、美保《みほ》さん一家《いっか》が引《ひ》っ越《こ》したマンションにお見舞《みま》いに行《い》くことにしました。

そのマンションは一階《いっかい》がクリーニング店《てん》で、その上《うえ》の二階《にかい》から四階《よんかい》までが住宅《じゅうたく》になっていて、美保《みほ》さん一家《いっか》は三階《さんかい》に住《す》んでいました。

久々《ひさびさ》に会《あ》った美保《みほ》さんの顔《かお》を見《み》ましたが、

表情《ひょうじょう》は・・・やはりすぐれません。

美保《みほ》さんのお母《かあ》さんの話《はなし》だと、

このマンションに美保《みほ》さん一家《いっか》が
引《ひ》っ越《こ》してきてから、
美保《みほ》さんの体調《たいちょう》が悪《わる》くなったようです。

さらに二階《にかい》と四階《よんかい》でも、
入居《にゅうきょ》した人《ひと》たちがすぐに出《で》て行《い》ってしまう
らしいのです。

もちろん、理由《りゆう》はわかりません…。
霊感《れいかん》がある有紗《ありさ》さんは、美保《みほ》さんの
部屋《へや》を注意深《ちゅういぶか》くチェックしました…。
ですが、何《なに》かが見《み》えるわけではなく
部屋《へや》に違和感《いわかん》を
覚《おぼ》えることもありません…。

ただ漠然《ばくぜん》と、
あまりいい
気分《きぶん》がしない…。

とりあえず有紗《ありさ》さんは、
「早《はや》く元気《げんき》になってね。」とだけ言《い》って、
その日《ひ》は帰《かえ》ることにしたそうです。

有紗《ありさ》さんが美保《みほ》さんのマンションを出《で》て、
駅《えき》のほうに歩《ある》きだしたときのことでした。
ふと、マンションの右隣《みぎどなり》の一軒家《いっけんや》に
有紗《ありさ》さんの目《め》が行《い》きました。

古《ふる》いけど立派《りっぱ》な屋敷《やしき》です。
二階《にかい》に目《め》を向《む》けると、
そこには…、

立派《りっぱ》な身《み》なりをした
おばあさんが
屋敷《やしき》の中《なか》の窓際《まどぎわ》に

ぽつんと立《た》っていました。
おばあさんは微動《びどう》だにせず、
ただひたすらその隣《となり》のマンションの
二階《にかい》から上《うえ》を

見《み》つめています……。

有紗《ありさ》さんにはそのおばあさんが、
すでにこの世《よ》のものではないことが
すぐわかったそうです。
それから有紗《ありさ》さんは、
体調《たいちょう》を崩《くず》した美保《みほ》さんを元気《げんき》づけようと
たびたびそのマンションを訪《おとず》れました。

そしてそのたびに、
隣《となり》の屋敷《やしき》の二階《にかい》を見《み》ると、
窓際《まどぎわ》の同《おな》じ位置《いち》でマンションを見《み》つめる
おばあさんの姿《すがた》があったそうです。

有紗《ありさ》さんはすぐに、

『このおばあさんが
全《すべ》ての原因《げんいん》なんだな。』

と感《かん》じました。
『きっとおばあさんは、自宅《じたく》の二階《にかい》から
見《み》える街並《まちな》みが好《す》きだったんだろうな。
だから、
その風景《ふうけい》を見《み》えなくしてしまった
マンションの二階《にかい》から上《うえ》ばかりを
今《いま》もずっと、
さびしい思《おも》いで見《み》つめてるんだ。』
そう感《かん》じとった有紗《ありさ》さんは、
もう一度《いちど》、美保《みほ》さんに引《ひ》っ越《こ》しするよう、

すすめてみようと、決心《けっしん》したそうです。
そして
美保《みほ》さんのお父《とう》さんに、

おばあさんのことを話《はな》して
みようと思《おも》いました。

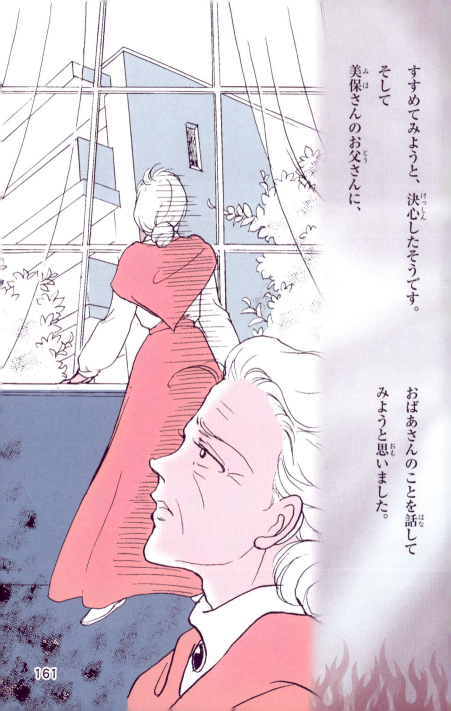

家《いえ》の怖《こわ》い話《はなし》 第《だい》11話《わ》

通《とお》り道《みち》

美月《みつき》さんはもともと霊感体質《れいかんたいしつ》だったので、
日頃《ひごろ》からよく不思議《ふしぎ》なものを目《め》にして
いたそうです。

そんな美月《みつき》さんが、数年前《すうねんまえ》に東京都《とうきょうと》M《エム》市《し》の
外《はず》れにあるマンションに
一家《いっか》で引《ひ》っ越《こ》した頃《ころ》のできごとです。

美月《みつき》さんの部屋《へや》は北側《きたがわ》の一室《いっしつ》でした。

住《す》み始《はじ》めてしばらくすると
部屋《へや》の中《なか》で怖《こわ》いことがおきたそうです。

例《たと》えば、

ラジオが勝手《かって》に
鳴《な》りだしたり。
モノがひとりでに動《うご》いたり。

他《ほか》にも寝《ね》ているときに、
何者《なにもの》かが馬乗《うまの》りしてきたり。

部屋《へや》でまともにすごせない日々《ひび》が

続《つづ》いていました。
我慢《がまん》しきれなくなった美月《みつき》さんは、
お父《とう》さんに相談《そうだん》したそうです。
お父《とう》さんの友人《ゆうじん》の霊的《れいてき》なことに詳《くわ》しい人《ひと》に
聞《き》いたところ、

「美月《みつき》さんの部屋《へや》は
霊《れい》が通《とお》る霊道《れいどう》になっている。
入《い》り口《ぐち》とそこからまっすぐ続《つづ》く
窓《まど》のところに盛《も》り塩《じお》をすれば
進入《しんにゅう》を防《ふせ》げる。」とのことでした。

美月《みつき》さんは
さっそく言《い》われたとおりの場所《ばしょ》に
盛《も》り塩《じお》をしました。

すると、あんなにひん発《ぱつ》していた
部屋《へや》の中《なか》での怪奇現象《かいきげんしょう》が、
びっくりするほど
ピタッと止《と》まったそうです。

『これで安心《あんしん》して眠《ねむ》れる！』
と思《おも》った数日後《すうじつご》の夜《よる》のことでした。
ベッドに入《はい》ってウトウトし始《はじ》めた頃《ころ》、

〝ガタッ
ガタッガタガタガタ!!〟

ものすごい騒音《そうおん》が聞《き》こえてきました！
美月《みつき》さんは音《おと》のする方向《ほうこう》を見《み》ました。

すると！
部屋《へや》の窓《まど》がゆれています。
だれかが手《て》を入《い》れて動《うご》かしているなら
指《ゆび》が見《み》えるはずですが、
そんなものは見《み》えません！

窓《まど》が急《きゅう》に開《あ》かなくなったので、何《なに》かが
必死《ひっし》に窓《まど》から入《はい》ろうとしているのか…。
それとも〝窓《まど》を開《あ》けろ！〟という、
強烈《きょうれつ》な意思表示《いしひょうじ》なのか…。

〃ガタガタガタ
ガタガタ!!〃

騒音《そうおん》が、数分間《すうふんかん》、
部屋《へや》の中《なか》に鳴《な》り響《ひび》きました。
それからしばらくしてあきらめたのか、
音《おと》はピタリと止《や》みました。
その翌日《よくじつ》以降《いこう》、
美月《みつき》さんの安《やす》らぎを妨《さまた》げるものは
いなくなったそうです。
部屋《へや》の中《なか》にも外《そと》にも…。

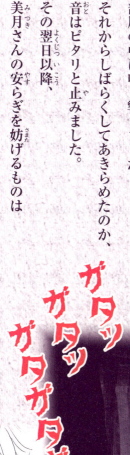

家《いえ》の怖《こわ》い話《はなし》 第《だい》12話《わ》

嵐《あらし》の夜《よる》

沙那《さや》さんの家《いえ》は
観光《かんこう》スポットの近《ちか》くにあるためか、
街《まち》の周辺《しゅうへん》には旅館《りょかん》が多《おお》く、
沙那《さや》さんの隣家《りんか》も老舗《しにせ》の旅館《りょかん》です。

そんな環境《かんきょう》の中《なか》で、
台風《たいふう》シーズンを迎《むか》えた
ある夜《よる》のことです。

北上《ほくじょう》してきた台風《たいふう》の影響《えいきょう》で、
外《そと》の風雨《ふうう》はどんどん強《つよ》まってきました。
木造《もくぞう》である沙那《さや》さんの家《いえ》も、
あちこちで〝ガタガタ〟と音《おと》を立《た》て始《はじ》め、
しばらくすると近《ちか》くの電線《でんせん》が切《き》れたのか、

フッと停電《ていでん》に…。

すでに家族全員《かぞくぜんいん》が家《いえ》の居間《いま》に

集《あつ》まっていたので、あわてることなく、
用意《ようい》してあった懐中電灯《かいちゅうでんとう》をつけて、
台風《たいふう》が通過《つうか》するのを待《ま》ったそうです。

すると……！

〃ガチャン!!〃

二階《にかい》の部屋《へや》から窓《まど》ガラスが割《わ》れる音《おと》が
聞《き》こえてきました。

「まいったなあ。」と、
修理道具《しゅうりどうぐ》を持《も》って立《た》ち上《あ》がったお父《とう》さんは、
「沙那《さや》、手伝《てつだ》ってくれるかあ。」
と沙那《さや》さんに声《こえ》をかけてきました。

沙那《さや》さんは少《すこ》し怖《こわ》いと思《おも》いながらも、
懐中電灯《かいちゅうでんとう》を持《も》ち、
お父《とう》さんの足《あし》もとを照《て》らしながら
二階《にかい》へ上《あ》がっていったそうです。

音《おと》のした二階《にかい》の部屋《へや》は、
風《かぜ》で飛《と》ばされてきたのか
大《おお》きな木片《もくへん》と、割《わ》れた窓《まど》ガラスの破片《はへん》が
散乱《さんらん》していました。
用意《ようい》してあったゲタをはいたお父《とう》さんは、
「危《あぶ》ないから、沙那《さや》はまだ入《はい》ってくるなよ。」
と言《い》って
足《あし》もとの破片《はへん》を取《と》り除《のぞ》き始《はじ》めました。

そしてある程度片《ていどかた》づくと、
沙那《さや》さんを招《まね》き入《い》れました。
お父《とう》さんが木《き》の板《いた》で窓《まど》をふさいでいるのを、
沙那《さや》さんは手伝《てつだ》いながら
ふと窓《まど》から隣《となり》の旅館《りょかん》の庭先《にわさき》を見《み》たそうです。

その庭先《にわさき》には、本館《ほんかん》から別館《べっかん》へとつながる
渡《わた》りろう下《か》があるのですが、
ちょうどそのまん中《なか》あたりに

ぼお〜っと
白《しろ》く光《ひか》るものが
見《み》えました…。

『何《なん》だろう?』と目《め》を凝《こ》らす沙那《さや》さん。
そこにいたのは、
真《ま》っ白《しろ》な着《き》物《もの》姿《すがた》の
女《おんな》の人《ひと》でした。

『こんな天気《てんき》なのに何《なに》やってんのかな?』
沙那《さや》さんは不思議《ふしぎ》に思《おも》い、
さらにその女《おんな》の人《ひと》をじ〜っと見《み》つめました。
すると、沙那《さや》さんの視線《しせん》に気《き》づいたのか、
その女《おんな》の人《ひと》は無表情《むひょうじょう》のまま、

〃おいで、おいで。〃

とばかりに

沙那《さや》さんにゆっくりと手招《てまね》きをしてきました。

その瞬間《しゅんかん》、

沙那《さや》さんは違和感《いわかん》を覚《おぼ》えました。

そもそも渡《わた》りろう下《か》は、

屋根《やね》とそれを支《ささ》える柱《はしら》があるだけ。

渡《わた》りろう下《か》にいれば横風《よこかぜ》をもろに

受《う》けるはずなのに、

その女《おんな》の人《ひと》の髪《かみ》や着物《きもの》は、

全《まった》く動《うご》いていないのです！

〃おいで、おいで。〃

白《しろ》い光《ひかり》を放《はな》ちながら

手招《てまね》きを続《つづ》ける女《おんな》の人《ひと》の姿《すがた》に

怖《こわ》くなった沙那《さや》さんは、

「お父《とう》さん！」と

ようやく声《こえ》を出《だ》しました！

沙那《さや》さんは

お父《とう》さんのほうを向《む》いて、

「渡《わた》りろう下《か》に女《おんな》の人《ひと》が……」

と言《い》いました。

お父《とう》さんは、すぐに

窓《まど》の外《そと》を見《み》ましたが、

女《おんな》の人《ひと》の姿《すがた》がありません…。

そもそも外《そと》は、
どこが
渡《わた》りろう下《か》
なのか
わからないほどの
闇《やみ》と風雨《ふうう》
だったのです…。

全国《ぜんこく》激《げき》コワ心霊《しんれい》スポット

日本全国《にほんぜんこく》には「心霊《しんれい》スポット」といわれる霊《れい》が現《あらわ》れるといううわさの場所《ばしょ》がたくさんあるよ。巻頭《かんとう》で紹介《しょうかい》した『日本縦断《にほんじゅうだん》・心霊《しんれい》スポット恐怖《きょうふ》のうわさ話《ばなし》』（前編《ぜんぺん》）とこれから紹介《しょうかい》する『日本縦断《にほんじゅうだん》・心霊《しんれい》スポット恐怖《きょうふ》のうわさ話《ばなし》』（後編《こうへん》）の他《ほか》に、全国《ぜんこく》で霊《れい》の目撃《もくげき》やうわさ話《ばなし》が語《かた》られている有名心霊《ゆうめいしんれい》スポットを紹介《しょうかい》するよ。心霊《しんれい》スポットには、子《こ》どもたちだけでは絶対《ぜったい》に行《い》かないこと。何《なに》かいやな感《かん》じがしたらすぐにもどってね。

（都道府県《とどうふけん》）地名《ちめい》	目撃例《もくげきれい》
（北海道《ほっかいどう》）支笏湖《しこつこ》	投身自殺者《とうしんじさつしゃ》の死体《したい》が藻《も》にからまって上《あ》がってこないといわれる湖《みずうみ》。「支笏《しこつ》」の名《な》はアイヌ語《ご》で「シ・コツ（大《おお》きな窪地《くぼち》）」が由来《ゆらい》。「支笏《しこつ》」から「死骨《しこつ》」をイメージするともいわれ、自殺者《じさつしゃ》の霊《れい》はもちろん、車《くるま》の幽霊《ゆうれい》が現《あらわ》れ、事故《じこ》をおこすまでついてくるといわれる。
（栃木県《とちぎけん》）華厳《けごん》の滝《たき》	自殺《じさつ》の名所《めいしょ》として有名《ゆうめい》。慰霊碑《いれいひ》などがあり、今《いま》も自殺者《じさつしゃ》の霊《れい》がただよっているらしい。
（埼玉県《さいたまけん》）吉見百穴《よしみひゃっけつ》	古墳跡《こふんあと》でもあり、旧日本軍《きゅうにほんぐん》の軍需工場《ぐんじゅこうじょう》でもあった場所《ばしょ》。戦争時代《せんそうじだい》、穴《あな》を広《ひろ》げる工事中《こうじちゅう》に落盤事故《らくばんじこ》で亡《な》くなった作業員《さぎょういん》の霊《れい》が出《で》るそうだ。
（東京都《とうきょうと》）八王子城址《はちおうじじょうし》	城主《じょうしゅ》が留守《るす》の間《あいだ》に敵軍《てきぐん》が攻《せ》め入《い》り、千人以上《せんにんいじょう》の人《ひと》が殺《ころ》された場所《ばしょ》。今《いま》も浮《う》かばれない霊《れい》が多数《たすう》ただよっている。

華厳《けごん》の滝《たき》

〔神奈川県《かながわけん》〕 **虹《にじ》の大橋《おおはし》**	宮《みや》ケ瀬《がせ》ダムにかかる巨大《きょだい》な橋《はし》で自殺《じさつ》の名所《めいしょ》。車《くるま》の事故《じこ》を誘《さそ》うように女《おんな》の幽霊《ゆうれい》が出《で》るそうだ。
〔京都府《きょうとふ》〕 **深泥池《みどろがいけ》**	タクシーに乗《の》り、目的地《もくてきち》に到着《とうちゃく》するとシートをぬらして消《き》える女《おんな》の幽霊《ゆうれい》が池周辺《いけしゅうへん》に出没《しゅつぼつ》。その目撃者《もくげきしゃ》が今《いま》も増加《ぞうか》しているそうだ。
〔兵庫県《ひょうごけん》〕 **六甲山《ろっこうさん》**	阪神大震災《はんしんだいしんさい》などの天変地異《てんぺんちい》や不祥事《ふしょうじ》がおこる前《まえ》に現《あらわ》れるという〝くだん（頭《あたま》は牛《うし》で体《からだ》は着物《きもの》の女《おんな》）〟が何度《なんど》も目撃《もくげき》されている。
〔福岡県《ふくおかけん》〕 **旧犬鳴《きゅういぬなき》トンネル**	いくつもの犯罪《はんざい》が行《おこな》われたトンネル。現在《げんざい》は封鎖《ふうさ》されているが、トンネル内《ない》にはいろいろな霊《れい》が集《あつ》まっていて、肝だめしに来《き》た人《ひと》に取《と》り憑《つ》くという。
〔沖縄県《おきなわけん》〕 **SSS《スリーエス》**	三《みっ》つのS字《エスじ》カーブが続《つづ》く一帯《いったい》で、沖縄《おきなわ》の霊能者《れいのうしゃ》・ユタの修行《しゅぎょう》の場所《ばしょ》。修行中《しゅぎょうちゅう》に亡《な》くなった女《おんな》たちの霊《れい》が、肝《きも》だめしに来《き》た人間《にんげん》を追《お》い返《かえ》そうとするらしい。

日本縦断《にほんじゅうだん》・心霊《しんれい》スポット恐怖《きょうふ》のうわさ話《ばなし》⑧

み、水《みず》をくれ…

●東京都《とうきょうと》M区《エムく》

19〇〇年《ねん》、東京《とうきょう》のホテルで大火災《だいかさい》がおこり、多《おお》くの死者《ししゃ》が出《で》た。ホテルのあった場所《ばしょ》は東京《とうきょう》の中心地《ちゅうしんち》だったので、このホテルを利用《りよう》していた芸能人《げいのうじん》は多《おお》く、新人《しんじん》の俳優《はいゆう》がこの火災《かさい》で亡《な》くなった友人《ゆうじん》に何度《なんど》もこの場所《ばしょ》に呼《よ》び込《こ》まれたという話《はなし》など、芸能界《げいのうかい》からも多《おお》くの心霊体験《しんれいたいけん》が寄《よ》せられたという。

また、この建物《たてもの》は火災後《かさいご》もしばらくそのままの状態《じょうたい》になっていたので、

昼夜《ちゅうや》を問《と》わず苦《くる》しみを訴《うった》える亡霊《ぼうれい》が出《で》たといううわさもある。

Kさん《ケー》が勤《つと》める会社《かいしゃ》は、ビルの六《ろく》、七《しち》、八階《はちかい》を使《つか》い、ビルは火災《かさい》のあったホテル跡地《あとち》のほぼ隣《となり》に建《た》っていました。ただし、平成生《へいせいう》まれのK《ケー》さんは、あのひどい火災《かさい》ははるか昔《むかし》の話《はなし》で、ぜんぜん知《し》らなかったのです。

ただし、あの経験《けいけん》をするまでは……。
Ｋ《ケー》さんは生《う》まれつき胃腸《いちょう》が弱《よわ》いので、
人《ひと》よりトイレに行《い》く回数《かいすう》も多《おお》かったのです。
それで、なるべく人目《ひとめ》につきにくい、
空《あ》きフロアになっている五階《ごかい》のトイレを
使《つか》うようにしていました。
ある日《ひ》、お昼《ひる》をいっしょに食《た》べていた会社《かいしゃ》の
先輩《せんぱい》から、「おまえ、よく五階《ごかい》のトイレを
使《つか》っているだろ？　何《なん》ともないか…。」
と聞《き》かれました。
Ｋ《ケー》さんが「えっ、別《べつ》に何《なに》も…。」と答《こた》えると、
「それならいいんだ…。」

いつも陽気《ようき》な先輩《せんぱい》だったので、この態度《たいど》に
Ｋ《ケー》さんは『何《なに》か変《へん》な話《はなし》…。』と思《おも》ったものの、
毎日《まいにち》の忙《いそが》しい仕事《しごと》で、その話《はなし》のことを
いつしか忘《わす》れてしまっていました。
Ｋ《ケー》さんが入社《にゅうしゃ》した年《とし》は、
雨《あめ》の少《すく》ない年《とし》でした。
四月《しがつ》、五月《ごがつ》と晴天《せいてん》が続《つづ》いていましたが、
それでも六月後半《ろくがつこうはん》ともなると、
ジメジメとした梅雨《つゆ》がやってきました。
その日《ひ》、朝《あさ》からおなかの調子《ちょうし》が悪《わる》かった
Ｋ《ケー》さんは、五階《ごかい》のトイレへと向《む》かいました。
どんよりとした厚《あつ》い雲《くも》によって五階《ごかい》の
フロアは、昼間《ひるま》とは思《おも》えないほど

とても暗《くら》かったのです。
「このビル、もともと日当《ひあ》たりは
よくないんだな。」
あまり気《き》にしないでK《ケー》さんは、
一人言《ひとりごと》を言《い》いながら
トイレに入《はい》りました。
しばらくすると、
変《へん》なにおいがしてきました。

とても焦《こ》げ臭《くさ》いにおいです。
最初《さいしょ》はだれかがタバコを
吸《す》っているのかと思《おも》ったのですが、
焦《こ》げ臭《くさ》さがどんどん増《ま》してきました。
においがとても強《つよ》いので、
気分《きぶん》が悪《わる》くなってきて、もう我慢《がまん》が
できなくなり、
トイレの個室《こしつ》を出《で》ようとしたときです。

〝ザー、ザー〟と
水《みず》の流《なが》れる音《おと》が
聞《き》こえてきました。

見《み》ると、水《みず》がトイレの四方《しほう》の壁《かべ》をまるで滝《たき》のように流《なが》れ落《お》ちてくるのです。
水道管《すいどうかん》の破裂《はれつ》かと思《おも》って、急《いそ》いでトイレを出《で》ました。すると、ろう下《か》の隅《すみ》に

人影《ひとかげ》がうずくまっています。

その影《かげ》はK《ケー》さんに気《き》づくと

〝みずううう
水《みず》をくれ～〟と

何度《なんど》もうめきながら、ろう下《か》をはって近《ちか》づいてきたのです。
そのとき、以前《いぜん》に先輩《せんぱい》とかわした話《はなし》を

思《おも》い出《だ》したK《ケー》さんですが、
そのまま気《き》を失《うしな》ってしまいました。
気《き》がついたのは会社《かいしゃ》の
休憩室《きゅうけいしつ》のベッドの上《うえ》でした。
いつまでも帰《かえ》ってこないK《ケー》さんを
心配《しんぱい》した先輩《せんぱい》が探《さが》しにきてくれたのでした。

「あのとき、
僕《ぼく》はそれが影《かげ》だと思《おも》っていたんです。
でも、違《ちが》いました。
あれは黒《くろ》こげになった人《ひと》の死体《したい》
だったんですよね……。」

今《いま》もK《ケー》さんは
同《おな》じ会社《かいしゃ》で元気《げんき》に働《はたら》いています。

でも、あのときから、五階《ごかい》のフロアには
いっさい近《ちか》づかなくなったのです。

日本《にほん》縦断《じゅうだん》・心霊《しんれい》スポット　恐怖《きょうふ》のうわさ話《ばなし》⑩

少《しょう》女《じょ》人《にん》形《ぎょう》

●岡山県《おかやまけん》　T郡《ティーぐん》　N峠《エヌとうげ》

これは、岡山県《おかやまけん》に住《す》むI《アイ》さんが、友人《ゆうじん》とN峠《エヌとうげ》へドライブに行《い》った帰《かえ》りにおきたできごとである。

ドライブの途中《とちゅう》、トイレに行《い》きたいと言《い》う友人《ゆうじん》のために、イヤイヤながら公衆《こうしゅう》トイレに寄《よ》りました。イヤイヤだったのは、N峠《エヌとうげ》にいるときから何《なに》か不吉《ふきつ》な感覚《かんかく》があったからで、一刻《いっこく》も早《はや》く峠《とうげ》を下《くだ》りたかったからです。

友人《ゆうじん》を待《ま》っていると、ふと、自分《じぶん》の車《くるま》のまわりでかけまわって遊《あそ》ぶ白《しろ》いワンピース姿《すがた》の女《おんな》の子《こ》に気《き》がつきました。まだ早《はや》い時間《じかん》だったので、さほど心配《しんぱい》にはなりませんでしたが、しかし、駐車《ちゅうしゃ》スペースには自分《じぶん》たちの車《くるま》しかありませんでした。『親《おや》はどこにいるんだろう?』と、ふとそんなことを考《かんが》えていると、

車《くるま》が小《こ》きざみに揺《ゆ》れだしたのです。後部座席《こうぶざせき》のドアを見《み》ると、窓《まど》の枠《わく》に指《ゆび》をかけて車内《しゃない》をのぞき込《こ》みながら、少女《しょうじょ》が楽《たの》しそうに体《からだ》をピョンピョンと動《うご》かしていました。

車《くるま》にキズをつけられたら大変《たいへん》だと、運転席《うんてんせき》の窓《まど》から外《そと》を見《み》て、親《おや》を探《さが》していたときです。

I《アイ》さんは、ゾーッとして全身《ぜんしん》に寒気《さむけ》が走《はし》りました。ゆっくり助手席《じょしゅせき》を見《み》ると、何《なん》とそこにはすでに少女《しょうじょ》がすわっていたのです。

車《くるま》のドアが開閉《かいへい》した音《おと》も気配《けはい》もありませんでした。

「フン♪、フフン♪」

少女《しょうじょ》は鼻歌《はなうた》を歌《うた》い、あいかわらずきげんよく体《からだ》を揺《ゆ》らしています。

I《アイ》さんは、

「うわあああああーーー。」

と、さけび声《ごえ》をあげながら、友人《ゆうじん》のいるトイレまで走《はし》って逃《に》げました。

しばらくして、友人《ゆうじん》といっしょに車《くるま》までもどると、車《くるま》は傷《きず》だらけです。

そして、車《くるま》のそばには、白《しろ》いワンピースが泥《どろ》まみれになった、痛々《いたいた》しい姿《すがた》の少女《しょうじょ》の人形《にんぎょう》が落《お》ちていました。

フン♪
フフン♪

日本《にほん》縦断《じゅうだん》・心霊《しんれい》スポット 恐怖《きょうふ》のうわさ話《ばなし》⑩

切《き》り傷《きず》だらけの女《おんな》

●X《エックス》県《けん》

全国《ぜんこく》には『幽霊《ゆうれい》』の名《な》がそのまま名称《めいしょう》になった坂《さか》がある。東京《とうきょう》でも『幽霊坂《ゆうれいざか》』の名《な》がついた場所《ばしょ》がいくつもある。幽霊《ゆうれい》の名《な》のついた坂《さか》は、その昔《むかし》、周辺《しゅうへん》が寂《さび》しい場所《ばしょ》であったり、坂《さか》の周《まわ》りにお寺《てら》がいくつもあって、木々《きぎ》がうっそうとしており昼《ひる》でもうす暗《ぐら》かった場所《ばしょ》に多《おお》いようである。

A《エー》くん（小学六年生《しょうがくろくねんせい》）の話《はなし》。

A《エー》くんは、両親《りょうしん》と姉《あね》の四人家族《よにんかぞく》で、お父《とう》さんの会社《かいしゃ》の社宅《しゃたく》で生活《せいかつ》しています。この社宅《しゃたく》は街《まち》の高台《たかだい》にあるので、坂《さか》を上《のぼ》り下《お》りしなければなりません。

この坂《さか》には、「幽霊坂《ゆうれいざか》」という名《な》がついていて、その坂《さか》の途中《とちゅう》に公園《こうえん》があります。公園《こうえん》といっても、ベンチとブランコが二《ふた》つずつあるだけの小《ちい》さな公園《こうえん》です。

ほかに遊具《ゆうぐ》がない公園《こうえん》ですが、
A《エー》くんのお気《き》に入《い》りの場所《ばしょ》です。
A《エー》くんは、夕方暗《ゆうがたくら》くなってきた公園《こうえん》でベンチにすわっていました。この日《ひ》は、
地元《じもと》ではお祭《まつ》りが行《おこな》われていました。
お祭《まつ》りのにぎやかさとはうって変《か》わって、
公園《こうえん》はとても静《しず》かです。
『そろそろ、帰《かえ》ろう…。』

立《た》ち上《あ》がったときです。
ブランコの手《て》すりに寄《よ》りかかる一《ひと》つの影《かげ》に気《き》づきました。
長《なが》い髪《かみ》が風《かぜ》になびいていたので、
すぐに女《おんな》の人《ひと》だとわかりました。
『社宅《しゃたく》にいるだれかを訪《たず》ねてきたのかな？
もしかしたら、待《ま》っている人《ひと》が来《こ》ないのかな？』

A《エー》くんは何《なん》となく
そんなことを考《かんが》えていましたが、
その女《おんな》の人《ひと》はどこか変《へん》な感《かん》じでした。
女《おんな》の人《ひと》の影《かげ》は何《なん》だか不自然《ふしぜん》で、
体《からだ》のあちこちが腫《は》れているような…、
傷《きず》だらけで…、ヘビのような皮《ひ》ふをした…、
感《かん》じでした。

公園《こうえん》にはライトが一《ひと》つありましたが、
その明《あ》かりの外《そと》に立《た》つ女《おんな》の人《ひと》の姿《すがた》は
影《かげ》にしか見《み》えませんでした。
どうやら女《おんな》の人《ひと》のほうもA《エー》くんに
気《き》づいたようです。

何《なん》となくいやな予感《よかん》がしたので、
A《エー》くんはさっさと家《いえ》に帰《かえ》ることにしました。
すると、女《おんな》の人《ひと》も手《て》すりから身《み》をおこし、
A《エー》くんのほうへ歩《ある》いてきました。
影《かげ》だけでなく、やはりその動《うご》きも
何《なに》か変《へん》な感《かん》じでした。操《あやつ》り人形《にんぎょう》のように
どこかぎこちなかったのです。

「……。」

A《エー》くんが足《あし》を止《と》めると、その女《おんな》の人《ひと》が
明《あ》かりの輪《わ》の中《なか》に入《はい》ってきました。

「でぇ（ねぇ）、びで（見《み》て）。」

“キーーーン”

明《あ》かりに照《て》らされた女《おんな》の人《ひと》を見《み》て、

「ねえ、見《み》て」
キーーン!

そのザラついた声《こえ》を耳《みみ》にした瞬間《しゅんかん》、
激《はげ》しい耳鳴《みみな》りがAくん《エー》を襲《おそ》いました。
そして、体《からだ》が動《うご》かなくなってしまいました。
「これが金縛《かなしば》りか…。」周《まわ》りは
見《み》えるのですが、全《まった》く体《からだ》が動《うご》きません。
明《あ》かりの中《なか》に見《み》える女《おんな》の人《ひと》は、
ヘビのような皮《ひ》ふで傷《きず》だらけに見《み》えます。

「ギャャャャーーーッッ。」

A《エー》くんはその場《ば》で気《き》を失《うしな》ってしまいました。
気《き》がついたときは、家《いえ》の自分《じぶん》の部屋《へや》に
いました。残業《ざんぎょう》で遅《おそ》くなったお父《とう》さんの
会社《かいしゃ》の人《ひと》が公園《こうえん》で倒《たお》れていたA《エー》くんを
見《み》つけてくれたのです。

怖《こわ》い女《おんな》の人《ひと》を見《み》てから数日後《すうじつご》、A《エー》くんは、
幽霊坂《ゆうれいざか》について調《しら》べてみました。
意外《いがい》にも全国《ぜんこく》には、幽霊《ゆうれい》だけでなく
不吉《ふきつ》な名《な》のつく坂《さか》がいくつもあることが
わかりました。
はっきりとした理由《りゆう》はわかりませんが、
昔《むかし》の人々《ひとびと》は、坂《さか》の上《うえ》と下《した》との景色《けしき》の
違《ちが》いから〝私《わたし》たちの暮《く》らすこの世《よ》と、
霊《れい》たちの住《す》むあの世《よ》〟の境目《さかいめ》を
想像《そうぞう》したのかもしれません。
でも、それはただの想像《そうぞう》だったのでしょうか…。
だって、あの日《ひ》、あの坂《さか》で、
〝切《き》り傷《きず》だらけの女《おんな》〟を見《み》たんですから……。

日《に》本《ほん》縦《じゅう》断《だん》・心《しん》霊《れい》スポット　恐《きょう》怖《ふ》のうわさ話《ばなし》⑪

秘《ひ》密《みつ》の入《い》り江《え》

●千《ち》葉《ば》県《けん》　T《ティー》市《し》

雄蛇ケ池《おじゃがいけ》は、釣《つ》り人《びと》たちにとても人気《にんき》のある場所《ばしょ》だが、同時《どうじ》に、関東《かんとう》では心霊《しんれい》スポットとしてもかなり有名《ゆうめい》なところでもある。

東京都在住《とうきょうとざいじゅう》の釣《つ》り人《びと》A《エー》さんが、この雄蛇ケ池《おじゃがいけ》に友人《ゆうじん》と釣《つ》りに行《い》ったときのことです。A《エー》さんには秘密《ひみつ》の釣《つ》り場《ば》の〝入《い》り江《え》〟（池《いけ》の一部《いちぶ》が陸《りく》に入《はい》りこんだ所《ところ》）がありました。あの日《ひ》、いつもの駐車《ちゅうしゃ》スペースに着《つ》いたのは、夕刻《ゆうこく》の早《はや》めの時間《じかん》です。なだらかな斜面《しゃめん》を回《まわ》り込《こ》むようにしながら下《お》りていくと、目当《めあ》ての入《い》り江《え》に入《はい》れるのです。ここで夜釣《よづ》りとなるのですが、明《あか》るいうちに下《お》りるのは、なだらかとは言《い》っても安全《あんぜん》のためです。足元《あしもと》に注意《ちゅうい》しながら下《お》りていくと、木々《きぎ》のすき間《ま》から水面《すいめん》が

見《み》え隠《かく》れしています。

はやる気持《きも》ちをおさえて下《お》りていくと、突然《とつぜん》、木陰《こかげ》の奥《おく》に赤《あか》い物《もの》が見《み》えました。足《あし》を止《と》めてよく見《み》てみると、その正体《しょうたい》は赤《あか》い帽子《ぼうし》でした。それをかぶった人《ひと》が膝《ひざ》まで水《みず》に入《はい》って、入《い》り江《え》で竿《さお》をふっていたのです。つまり、釣《つ》りの先客《せんきゃく》なのです。さらに、斜面《しゃめん》を下《お》りていくと、その釣《つ》り人《びと》は少年《しょうねん》だとわかりました。

……ふと、気《き》がつくと、友人《ゆうじん》がいません。

斜面《しゃめん》を見上《みあ》げると木《き》にもたれるようにして体《からだ》を支《ささ》え、口《くち》をパクパクさせている友人《ゆうじん》がそこにいました。手《て》を大《おお》きくふっているので、どうやら手招《てまね》きしているようです。

少《すこ》しあわてて友人《ゆうじん》のところへ行《い》くと、小声《こごえ》で
「…あれ、おかしいぞ、絶対《ぜったい》におかしいぞ。いくら夏《なつ》で水《みず》が少《すく》ないとはいっても、まだ水深《すいしん》…2メートルはあるぞ、ここは……。」

ふり返《かえ》ると、竿《さお》をふる赤《あか》い帽子《ぼうし》の少年《しょうねん》が、木々《きぎ》の間《あいだ》から見《み》えます。

友人《ゆうじん》がおびえるので、A《エー》さんたちは一度《いちど》、車《くるま》へもどることにしました。

車《くるま》が見《み》えた瞬間《しゅんかん》、

「うわあああああ。」

少《すこ》し安心《あんしん》した友人《ゆうじん》が来《き》た道《みち》をふり返《かえ》って、大声《おおごえ》でさけびました。A《エー》さんもびっくりして、ふり返《かえ》りました。よく見《み》ると、今度《こんど》は釣《つ》り竿《ざお》を片手《かたて》に白《しろ》い歯《は》を見《み》せてニッコリ笑《わら》う少年《しょうねん》の全身《ぜんしん》が半透明《はんとうめい》で、後《うし》ろに立《た》つ木々《きぎ》の緑《みどり》が透《す》けて見《み》えるのです。

A《エー》さんたちは大急《おおいそ》ぎで車《くるま》を発進《はっしん》させてその場《ば》を離《はな》れました。

A《エー》さんはそれ以来《いらい》、秘密《ひみつ》の〝入《い》り江《え》〟どころか、雄蛇《おじゃ》ヶ《が》池《いけ》には行《い》っていません。

当然《とうぜん》、友人《ゆうじん》も……。

日本縦断《にほんじゅうだん》・心霊《しんれい》スポット 恐怖《きょうふ》のうわさ話《ばなし》⑫

トンネルでさけび声《ごえ》が…

●新潟県《にいがたけん》 U川上流《ユーがわじょうりゅう》

新潟県《にいがたけん》を流《なが》れる一級河川《いっきゅうかせん》のU川《ユーがわ》。
この上流《じょうりゅう》には川《かわ》をはさんで、左《ひだり》に新道《しんどう》、
右《みぎ》に旧道《きゅうどう》がある。新道《しんどう》は道幅《みちはば》も広《ひろ》く、
整備《せいび》された、いかにも車《くるま》が走《はし》りやすい道《みち》だ。
それに比《くら》べて旧道《きゅうどう》はせまくてカーブも多《おお》く、
今《いま》ではほとんど地元《じもと》の人《ひと》しか
使《つか》わなくなった道《みち》である。

このU川《ユーがわ》によく釣《つ》りに来《き》ていた
東京在住《とうきょうざいじゅう》のT《ティー》さんの話《はなし》です。

この日《ひ》も早朝《そうちょう》から釣《つ》ろうと思《おも》い、深夜《しんや》にU川《ユーがわ》に着《つ》きました。

釣《つ》り場《ば》をめざして旧道《きゅうどう》を走《はし》っているとトンネルが見《み》えてきました。

旧道《きゅうどう》に一《ひと》つだけあるトンネルです。

夏《なつ》の夜明《よあ》け前《まえ》で気温《きおん》も高《たか》かったので、車《くるま》の窓《まど》を開《あ》けて新鮮《しんせん》な空気《くうき》を吸《す》いながら車《くるま》を走《はし》らせていたときです。

T《ティー》さんは変《へん》なにおいに気《き》がつきました。

〝タイヤの燃《も》えたようなにおい…、さてはこの先《さき》で事故《じこ》でもあったかな!?〟

と、思《おも》いました。

トンネルの中《なか》ごろまで来《く》ると、ますますにおいが強《つよ》くなってきました。

耐《た》えきれなくなったT《ティー》さんが窓《まど》を閉《し》めようとしたときです、

〝ギャヤヤヤーッッ、
あ、熱《あつ》いいい、
だずげでーーー!〟

この世《よ》の声《こえ》とは思《おも》えない男《おとこ》のさけび声《ごえ》がトンネル内《ない》に響《ひび》きわたったのです。

〝事故《じこ》だ!〟

とっさにそう思《おも》ったT《ティー》さんは助《たす》けようと車《くるま》のスピードを上《あ》げましたが、トンネル内《ない》で事故《じこ》がおきたようすは

ありません。また、車《くるま》も人《ひと》もいません。
トンネルの中《なか》では、他《ほか》の車《くるま》が
追《お》い越《こ》していったこともなかったし、
反対車線《はんたいしゃせん》を走《はし》る車《くるま》もありませんでした。

　このトンネルでは、以前《いぜん》、
男《おとこ》の人《ひと》が集団暴行《しゅうだんぼうこう》を受《う》け、殺《ころ》された後《あと》、
ガソリンをかけられたという事件《じけん》が
ありました。

「あれは一体何《いったいなん》だったのだろう？？？」と、
首《くび》をかしげていたT《ティー》さんが
この事件《じけん》を知《し》るのは、
トンネル内《ない》であのさけび声《ごえ》を聞《き》いた
ずっと後《あと》のことでした。

街《まち》でおこった怖《こわ》い話《はなし》

全《ぜん》11話《わ》

街《まち》では毎日《まいにち》のように
いろいろなできごとがおこります。
怖《こわ》いできごとがあった場所《ばしょ》での怪奇現象《かいきげんしょう》のうわさ…、
霊《れい》が現《あらわ》れやすいといわれる場所《ばしょ》での
怖《こわ》い話《はなし》のうわさ…、
その人《ひと》だけに見《み》えたという霊《れい》も…。
霊《れい》はちょっと前《まえ》にあなたが通《とお》りすぎた
塀《へい》のそばにもいたかもしれません…。

はい、もっと腕《うで》をあげてー。
ワンツー♪
ワンツー♪
キッズダンス スクール
街《まち》でおこった怖《こわ》い話《はなし》 第《だい》1話《わ》
遊園地《ゆうえんち》
沖野 蓮
百合亜《ゆりあ》さん もっと リズミカルに…。
はいっ!!
はーい。じゃあ、今日《きょう》はここまで！ お疲《つか》れさまでした!!
お疲《つか》れさまでした!!

ふぁー、今日《きょう》のレッスンハードだったね。

うん、でも楽《たの》しかった！

私《わたし》たち三人《さんにん》は、ダンススクールのレッスン仲間《なかま》。毎週木曜日《まいしゅうもくようび》と日曜日《にちようび》がレッスン日《び》です。

おなかすいたなー。

もう、真《ま》っ暗《くら》だし、近道《ちかみち》して帰《かえ》る？

さんせい！

いつもは大通《おおどお》りを歩《ある》いて帰《かえ》るのですが…。

早《はや》く帰《かえ》ろうと、近《ちか》くの遊園地《ゆうえんち》のわき道《みち》を通《とお》って近道《ちかみち》をしました。

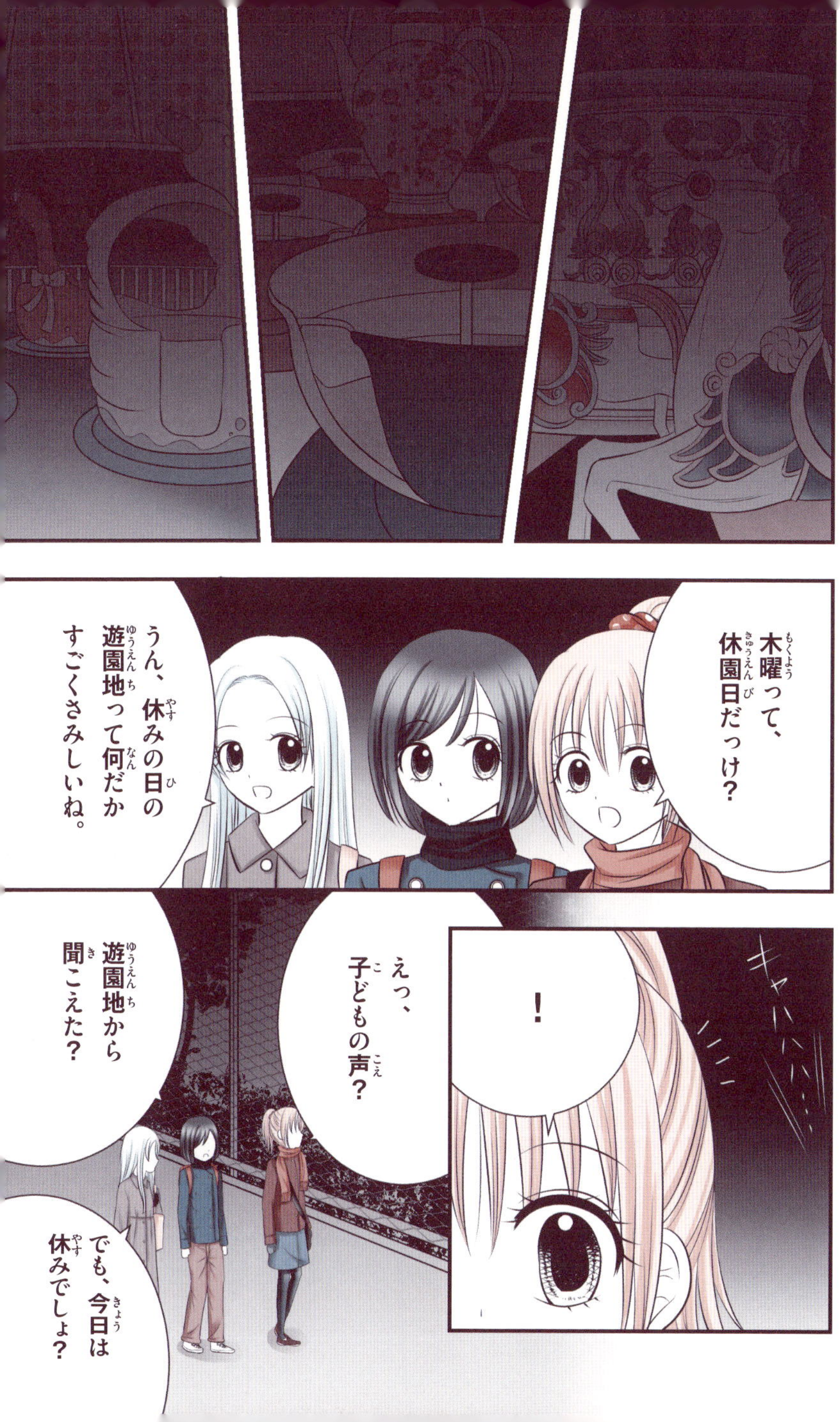
木曜《もくよう》って、休園日《きゅうえんび》だっけ？
うん、休《やす》みの日《ひ》の遊園地《ゆうえんち》って何《なん》だかすごくさみしいね。
キャハハハ
！
えっ、子《こ》どもの声《こえ》？
遊園地《ゆうえんち》から聞《き》こえた？
でも、今日《きょう》は休《やす》みでしょ？

タッタッタッタッタッタッ……
キャハハハ……。
うふふふ…。
えっ!?
何《なに》っ!?
!?

女《おんな》の子《こ》……？
何《なん》で園内《えんない》に…。
スッ…
カシャ

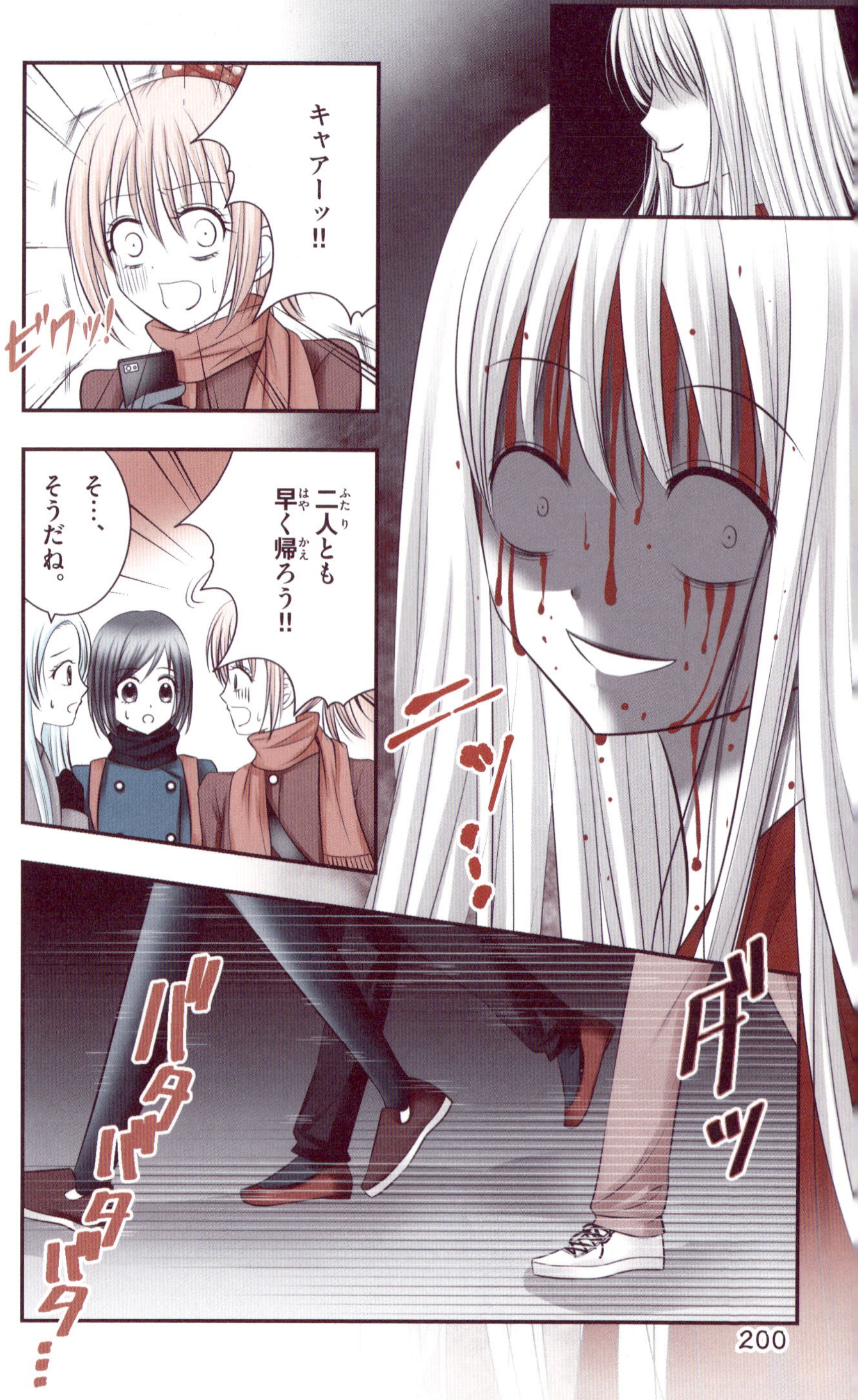
ニッ…
キャアーッ!!
ビクッ!
二人《ふたり》とも早《はや》く帰《かえ》ろう!!
そ…、そうだね。
ダッ
バタバタバタ…

はあ…、何《なん》かすごく怖《こわ》かったね…。
今《いま》の子《こ》、何《なん》だったんだろう？
ねえ、百合亜《ゆりあ》、さっき写真《しゃしん》撮《と》ってたよね。
何《なに》か写《うつ》ったの？
あ…、うん…。
あれっ？
女《おんな》の子《こ》、写《うつ》ってない…。
何《なん》だろう、このモヤみたいなの…。
何《なに》かが反射《はんしゃ》して写《うつ》ったんじゃない？
女《おんな》の子《こ》がいたような気《き》がしたのは、気《き》のせいだよ。きっと。いるわけないもんね。

気《き》のせい…？なのかな…？
なぜか、吸《す》い寄《よ》せられるようにカメラを向《む》けてしまって…。
そのときはっきりと血《ち》を流《なが》した女《おんな》の子《こ》と目《め》が合《あ》ってしまった…、
私《わたし》にはとても気《き》のせいには思《おも》えませんでした。
次《つぎ》の木曜日《もくようび》――
はいっ、今日《きょう》はここまで。
お疲《つか》れさまでした!!
キッズダン
ねえ、今日《きょう》もまた近道《ちかみち》して帰《かえ》らない？
えっ、また!?
先週《せんしゅう》みたいなことがおきないか、確《たし》かめてみようと、さっき話《はな》していたのよね。
そうそう…。

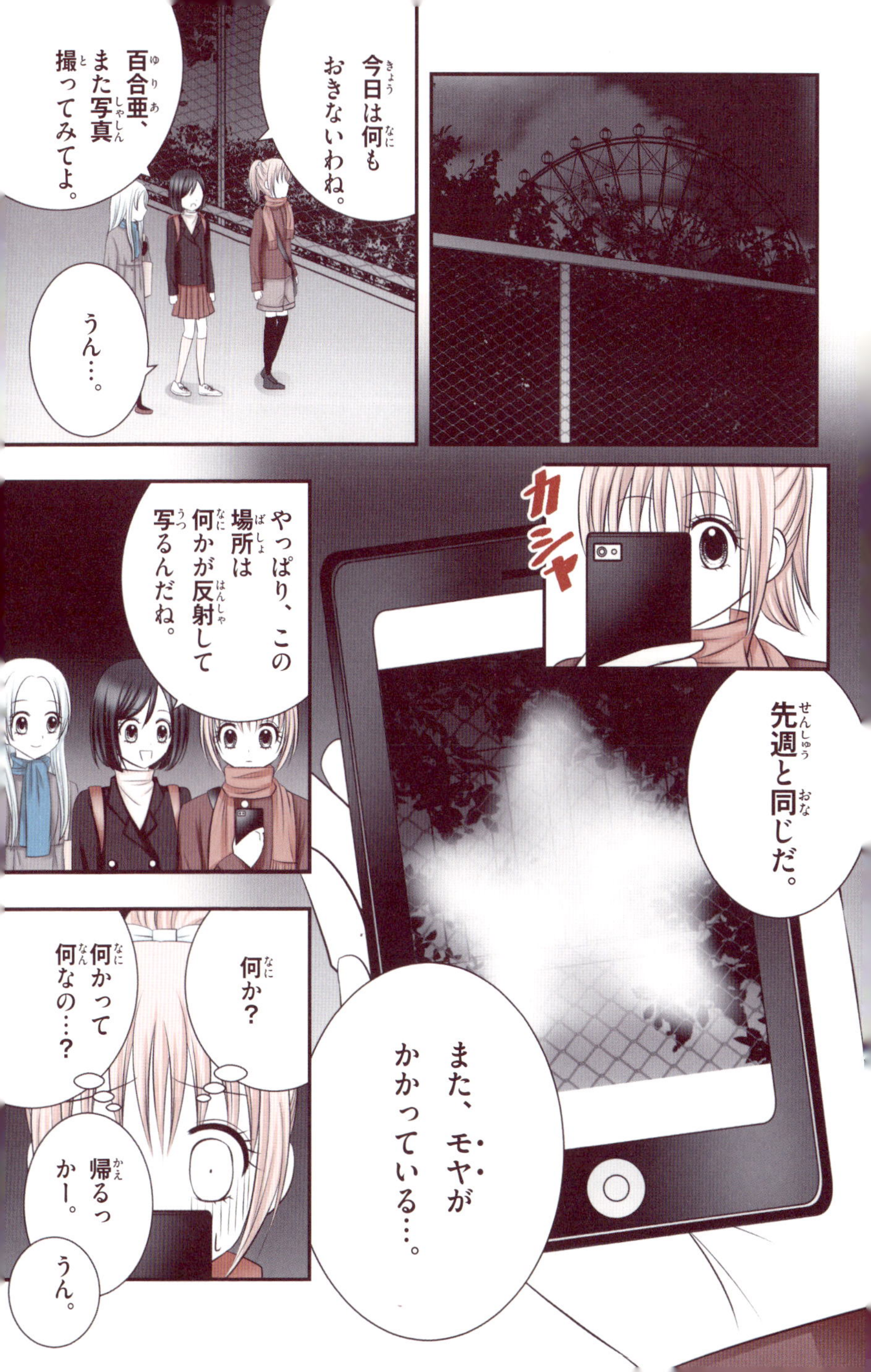
今日《きょう》は何《なに》も おきないわね。
百合亜《ゆりあ》、また写真《しゃしん》 撮《と》ってみてよ。
うん…。
カシャ
やっぱり、この 場所《ばしょ》は 何《なに》かが反射《はんしゃ》して 写《うつ》るんだね。
先週《せんしゅう》と同《おな》じだ。
何《なに》か?
何《なに》かって 何《なん》なの…?
また、モヤが かかっている…。
帰《かえ》るっ かー。
うん。

お姉《ねえ》さん、写真《しゃしん》撮《と》ってくれてありがとう……。
私《わたし》、いつも一人《ひとり》で遊《あそ》んでいるの……。
星《ほし》になった私《わたし》は、夜《よる》にだけ遊《あそ》ぶんだ。今度《こんど》、いっしょに遊《あそ》ぼうよ。
えっ!?
タッタッタッタッタッタッタッ…
また…?
あの女《おんな》の子《こ》なの…?
ガッ!!

ねえ、
お姉《ねえ》さん…。
私《わたし》といっしょに
遊《あそ》ぼうよ…。
キャアアーーッ!!!!
!?
ぱっ
やめてっ!!

スウ
百合亜《ゆりあ》!?
どうしたの!?
そ、そこに、女《おんな》の子《こ》が…。
私《わたし》の腕《うで》をつかんできて…。
ガタガタ…
シーーーン….
女《おんな》の子《こ》?
だれもいないけど…。
えっ…、二人《ふたり》は見《み》てないの!?
私《わたし》たちは、何《なに》も…ねえ?
うん…。

そんな…。
何《なん》かわからないけど、やばそうだから早《はや》く帰《かえ》ろう。
うん、私《わたし》たち家《いえ》まで送《おく》るよ。
………。
私《わたし》が写真《しゃしん》を撮《と》ったから…。
私《わたし》が写真《しゃしん》を撮《と》ったせい？
私《わたし》だけ目《め》をつけられてしまったの？

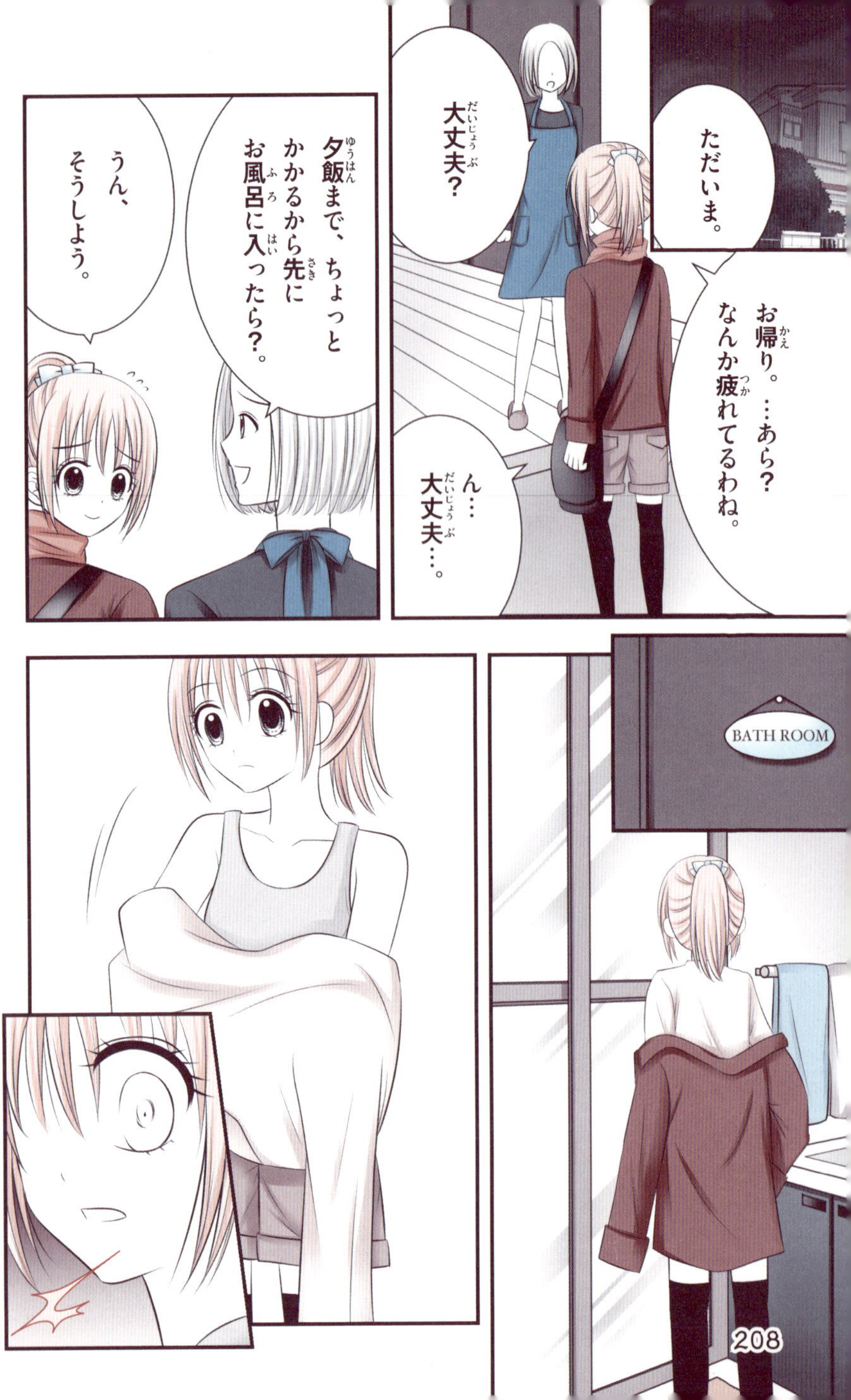
ただいま。
お帰《かえ》り。…あら?
なんか疲《つか》れてるわね。
大丈夫《だいじょうぶ》?
ん…
大丈夫《だいじょうぶ》…。
夕飯《ゆうはん》まで、ちょっと
かかるから先《さき》に
お風呂《ふろ》に入《はい》ったら?。
うん、
そうしよう。
BATH ROOM

ひいっ!?
何《なに》これ!!
て、手形《てがた》……?
あの女《おんな》の子《こ》に腕《うで》をつかまれたときの…?

ぞわっ
私《わたし》といっしょに遊《あそ》ぼうよ…。
その手形《てがた》はすぐに消《き》えていったけど、
女《おんな》の子《こ》に腕《うで》をつかまれたときの恐怖《きょうふ》は、
ずっと残《のこ》って消《き》えませんでした。
次《つぎ》のレッスンの日《ひ》—
はいっ、そこまで。
十分休憩《じっぷんきゅうけい》しましょう。
はい!!
キッズダンス
はあ…。
百合亜《ゆりあ》大丈夫《だいじょうぶ》かな？
あれから元気《げんき》ないね。

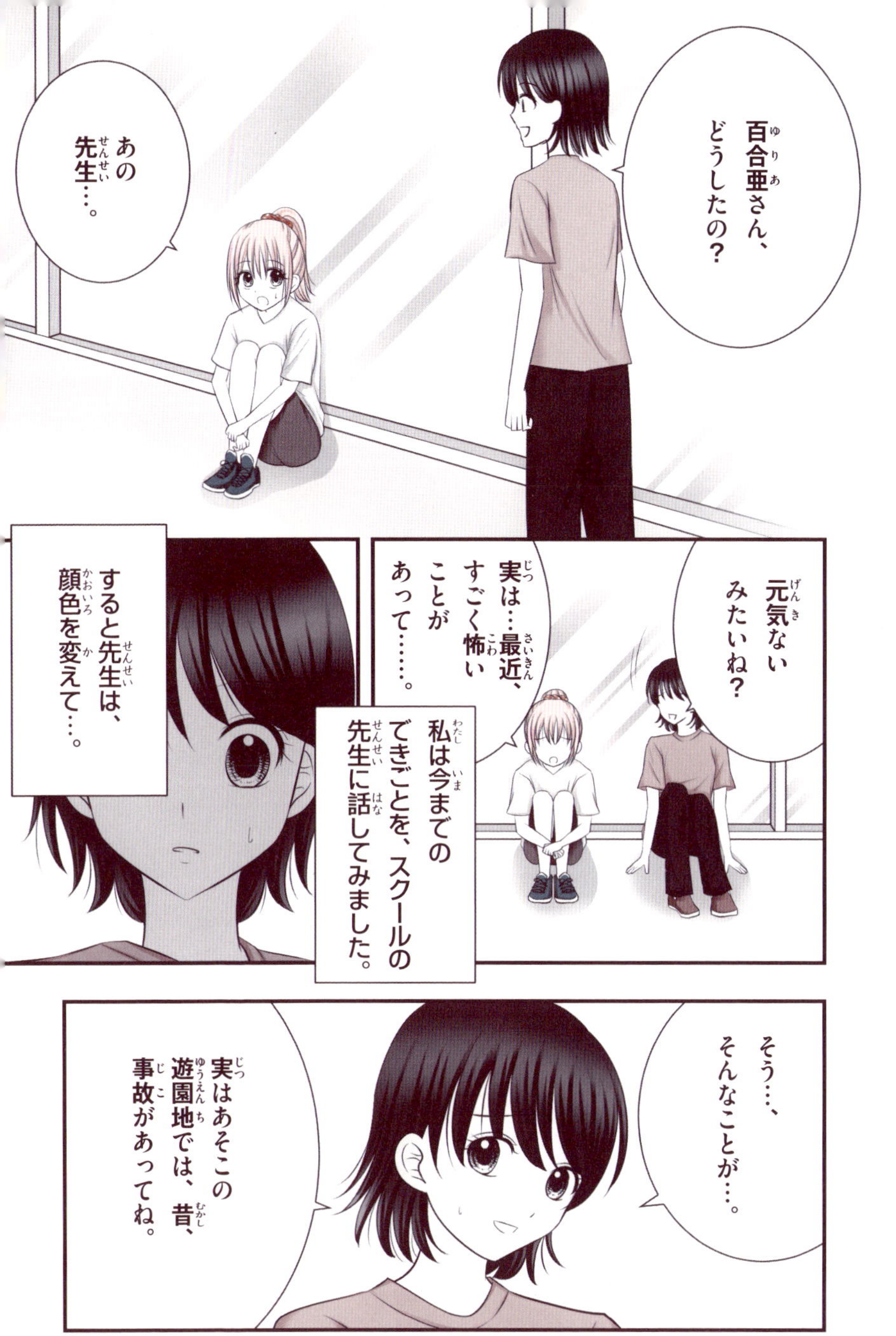
百合亜《ゆりあ》さん、どうしたの？
あの先生《せんせい》…。
元気《げんき》ないみたいね？
実《じつ》は…最近《さいきん》、すごく怖《こわ》いことがあって……。
私《わたし》は今《いま》までのできごとを、スクールの先生《せんせい》に話《はな》してみました。
すると先生《せんせい》は、顔色《かおいろ》を変《か》えて…。
そう…、そんなことが…。
実《じつ》はあそこの遊園地《ゆうえんち》では、昔《むかし》、事故《じこ》があってね。

遊園地《ゆうえんち》が大好《だいす》きで、よく遊《あそ》びに来《き》ていた女《おんな》の子《こ》が、
乗《の》り物《もの》から転落《てんらく》して亡《な》くなってしまったんだよ。
きっと今《いま》も成仏《じょうぶつ》できず、大好《だいす》きな遊園地《ゆうえんち》で遊《あそ》んでいるのかも…。
そうなんですか…。
一人《ひとり》で遊《あそ》ぶのが寂《さび》しいから、百合亜《ゆりあ》さんの腕《うで》をつかんだのかもね。
悲《かな》しい事故《じこ》ですね…。
ええ、だから百合亜《ゆりあ》さんもその女《おんな》の子《こ》が早《はや》く天国《てんごく》に行《い》けるように、
たくさんお祈《いの》りしてあげるといいよ。

その話《はなし》を聞《き》いてから、私《わたし》たちは遊園地《ゆうえんち》のわき道《みち》を通《とお》るのをやめました。
だけど、例《れい》の写真《しゃしん》は時々《ときどき》、ケータイに勝手《かって》に現《あらわ》れることがあります。
私《わたし》は、そのたびにとても怖《こわ》く悲《かな》しくなるけど、
女《おんな》の子《こ》が早《はや》く天国《てんごく》へ行《い》けますように…と、お祈《いの》りしています。
!?
えっ…？
何《なに》…、コレ…？

白《しろ》いモヤ・・・が…。
女《おんな》の子《こ》に変《か》わった…？
ガッ!!

お姉《ねえ》さん、遊園地《ゆうえんち》に来《き》てくれないから…。
ガタガタ…
迎《むか》えに来《き》たよ…。
早《はや》く、いっしょに遊《あそ》ぼうよ……。

超《ちょう》高《こう》層《そう》ビルのエレベーター

小学六年生《しょうがくろくねんせい》の弥生《やよい》さんには、年《とし》の離《はな》れた姉《あね》・杏奈《あんな》さんがいます。

杏奈《あんな》さんは、東京《とうきょう》の超高層《ちょうこうそう》ビルの四十四階《よんじゅうよんかい》にあるオフィスで働《はたら》いています。

コールセンターが職場《しょくば》の杏奈《あんな》さんは、仕事《しごと》が忙《いそが》しくて、残業《ざんぎょう》もしょっちゅうです。

杏奈《あんな》さんが、超高層《ちょうこうそう》ビルのエレベーターで体験《たいけん》したとても怖《こわ》いできごとを語《かた》ってくれました。

ある夜《よる》、私《わたし》がいつものようにセンターで残業《ざんぎょう》していると、突然天井《とつぜんてんじょう》から

“バチ！　バチバチ！”

と大《おお》きな音《おと》が鳴《な》り響《ひび》きました。

何《なに》かなと思《おも》ってしばらく天井《てんじょう》を

見上《みあ》げていると、
昔《むかし》から四十四階《よんじゅうよんかい》で働《はたら》いている先輩《せんぱい》が、
「また鳴《な》り出《だ》したね…。これ、
ラップ音《おん》って言《い》うんでしょ。この時間《じかん》に
なると、ちょくちょく鳴《な》るのよ。」と、
驚《おどろ》きもせず私《わたし》に声《こえ》をかけてきました。
どうもこのフロア、そしてビル全体《ぜんたい》には

妙《みょう》なモノがさまよっている
らしいといううわさが…。

それからしばらくした夜《よる》のこと、

ようやく残業《ざんぎょう》を終《お》えて、
数人《すうにん》の仲間《なかま》たちといっしょに
エレベーターに乗《の》って
一階《いっかい》に降《お》りようとしたときのことでした。
私《わたし》はエレベーターフロアで、
呼《よ》び出《だ》しボタンを押《お》しました。
遅《おそ》い時間《じかん》でしたが、
まだ勤務《きんむ》している人《ひと》がいるらしく、
エレベーターは
一階《いっかい》から何回《なんかい》か止《と》まりながら
上《あ》がってきます。

チーン！　という音《おと》とともに

エレベーターが到着《とうちゃく》。
さっそく、私《わたし》たちは、
ワイワイ言《い》いながら
無人《むじん》のエレベーターに乗《の》り込《こ》み、
一階《いっかい》のボタンを押《お》しました。
扉《とびら》が閉《し》まり、
どんどん下降《かこう》していくかと思《おも》っていると、
数階《すうかい》降《お》りたところで、
突然《とつぜん》、エレベーターが止《と》まったのです。
『他《ほか》にも仕事《しごと》を終《お》えて、
帰《かえ》る人《ひと》がいるんだな。』と、思《おも》いました。
扉《とびら》が開《ひら》きましたが、
乗《の》り込《こ》んでくる人《ひと》は…いません。

「あれ？」
仲間《なかま》の一人《ひとり》が
思《おも》わずそうつぶやきました。
扉《とびら》から外《そと》を見《み》ると、フロアには、
だれもいなかったのです。
「だれかのいたずらかなぁ。」
と、仲間《なかま》がつぶやくなかで、
ただ一人《ひとり》私《わたし》は、
異変《いへん》に気《き》づきました…。

みんながだれもいないと言《い》っていた
扉《とびら》の外《そと》…。

しかし私《わたし》には、見《み》えていたのです！
ぼおっと青白《あおじろ》く
光《ひか》りながら、
ぼんやりとこちらを
見《み》つめて手招《てまね》きする
若《わか》い女《おんな》の人《ひと》が…。
私《わたし》は恐怖《きょうふ》に固《かた》まりましたが、
対照的《たいしょうてき》に何《なに》も見《み》えない仲間《なかま》たちは、
『閉《し》めるのボタン』を押《お》しながら
おしゃべりをしています。
私《わたし》は扉《とびら》が閉《し》まりきる瞬間《しゅんかん》まで、

ゆらゆらと揺《ゆ》れながら
青白《あおじろ》く光《ひか》る女《おんな》から
目《め》を離《はな》さず、必死《ひっし》に仲間《なかま》に
しがみつきました。

仲間《なかま》が「杏奈《あんな》さん、どうしたの？」と、
言《い》っているうちに エレベーターは、

無事《ぶじ》一階《いっかい》に着《つ》きました。
私《わたし》は、怖《こわ》くて震《ふる》えが止《と》まらず、
その夜《よる》は、朝《あさ》まで一睡《いっすい》もできませんでした。

今《いま》、思《おも》い出《だ》すと、このビルで過労《かろう》で
亡《な》くなった女子社員《じょししゃいん》が、仕事《しごと》を手伝《てつだ》って
もらおうと私《わたし》を呼《よ》んだような気《き》が…。

街《まち》でおこった怖《こわ》い話《はなし》

第《だい》3話《わ》

たどりつけない

小学五年生《しょうがくごねんせい》の彩花《あやか》さんの体験《たいけん》です。

もうすぐ、病気《びょうき》で亡《な》くなった
おじさんの命日《めいにち》です。
お父《とう》さんが、
「今度《こんど》の日曜日《にちようび》に、潮干狩《しおひが》りの
帰《かえ》りに、おじさんの墓参《はかまい》りをしよう。」
と言《い》うので、彩花《あやか》さんも、お母《かあ》さんも、
中学生《ちゅうがくせい》のお姉《ねえ》ちゃんも
「サンセ〜イ！」ということで、
決《き》まりました。
潮干狩《しおひが》りが終《お》わって、
車《くるま》で霊園《れいえん》へ向《む》かいました。

出発《しゅっぱつ》してから一時間《いちじかん》ほど経過《けいか》し、
そろそろ霊園《れいえん》に到着《とうちゃく》するか…という頃《ころ》、
どうもようすがおかしくなってきました。
一向《いっこう》に目的地《もくてきち》が見《み》えてこないのです。

初《はじ》めて行《い》く場所《ばしょ》なので、
カーナビでしっかりと確認《かくにん》して
進《すす》んでいたし、
簡単《かんたん》な道《みち》のはずでした。

「おかしいね。」
と、みんなが口《くち》にしながらも、
とりあえず途中《とちゅう》で出会《であ》った地元《じもと》の方《かた》などに
道《みち》を確認《かくにん》しながら、
再度霊園《さいどれいえん》に向《む》けて出発《しゅっぱつ》しました。

それから数時間《すうじかん》…、
やはりどうしても霊園《れいえん》にたどりつくことが
できません。
日《ひ》も落《お》ちかけ、あきらめかけたとき、
ようやくお母《かあ》さんが
霊園《れいえん》の看板《かんばん》を見《み》つけました。
「やっとよ…。」と、
みんなが安心《あんしん》して車《くるま》を進《すす》めようとした
そのときです。

〝オ・く・オ・る・な・オ〜!!〟
突然《とつぜん》！
地《ち》の底《そこ》からわいてきたかの
ような低《ひく》いうなり声《ごえ》が、

車内《しゃない》で鳴《な》り響《ひび》いたのです…！

音楽《おんがく》はかかっていましたが、お姉《ねえ》ちゃんのＣＤ《シーディー》です。もちろん曲《きょく》にそんな声《こえ》は吹《ふ》き込《こ》まれていません。

それを車中《しゃちゅう》にいた全員《ぜんいん》が耳《みみ》にしたのです。

あまりのできごとに車《くるま》を止《と》めて、家族全員《かぞくぜんいん》が顔《かお》を見合《みあ》わせました。

「何《なに》、今《いま》の…？」と口々《くちぐち》にするものの何《なに》がおこったのか、だれにもわかりません。
ですが、お母《かあ》さんが
ふとつぶやきました。
「く・る・な…って、
聞《き》こえたような気《き》もするわ。」
確《たし》かに、
行《い》っても行《い》ってもつかないし、
そして、この不思議《ふしぎ》な声《こえ》…。
自分《じぶん》たちが霊園《れいえん》に行《い》くのを、
何《なに》かが邪魔《じゃま》している？
…と、なぜかみんなが納得《なっとく》してしまいました。
結局《けっきょく》、その日《ひ》は霊園《れいえん》には向《む》かわずに引《ひ》き返《かえ》し、
日《ひ》を改《あらた》めようということになったのです。

次《つぎ》の日《ひ》の朝《あさ》、
彩花《あやか》さんがテレビの
ニュース番組《ばんぐみ》を見《み》ていると、
昨日《きのう》、通《とお》り魔《ま》に襲《おそ》われて
ケガをした人《ひと》がいるという事件《じけん》を
知《し》らせていました。
事件《じけん》の場所《ばしょ》がテレビに映《うつ》ったとき、
彩花《あやか》さんはビックリしました。
それは、昨日彩花《きのうあやか》さんたちが
車《くるま》で向《む》かっていた霊園《れいえん》だったのです。
しかも、通《とお》り魔事件《まじけん》がおきた
時刻《じこく》は、彩花《あやか》さんたちが
霊園《れいえん》につく予定《よてい》の時間《じかん》だったのです。

霊園《れいえん》では、墓参《はかまい》りに来《き》ていた
家族《かぞく》が、突然男《とつぜんおとこ》の人《ひと》に
切《き》りつけられたということです。
彩花《あやか》さんは、そのニュースを見《み》て
体《からだ》の震《ふる》えが止《と》まりませんでした。
車内《しゃない》に鳴《な》り響《ひび》いたうなり声《こえ》のおかげで、
事件《じけん》に合《あ》わずにすみました。
おじさんの霊《れい》が、彩花《あやか》さん一家《いっか》を
危険《きけん》なところに行《い》かせまいと
したのでしょうか？

あの低《ひく》いうなり声《ごえ》は、おじさんの声《こえ》に
似《に》ていた気《き》がするそうです。

地《ち》下《か》道《どう》

夏《なつ》のある日《ひ》、塾帰《じゅくがえ》りに駅《えき》の東西《とうざい》をつなぐ連絡地下道《れんらくちかどう》を歩《ある》いていたはるかさん。

地上《ちじょう》は太陽《たいよう》がギラギラと照《て》りつけていたので、暑《あつ》さにしりごみしていたはるかさんは、だれもいない地下道《ちかどう》の涼《すず》しさに少《すこ》しホッとしていました。

わずか百《ひゃく》メートルほどの長《なが》さの地下道《ちかどう》を少《すこ》し歩《ある》くと、地上《ちじょう》からの光《ひかり》がうっすらと差《さ》し込《こ》む出口《でぐち》の階段《かいだん》が見《み》えてきます。

『外《そと》に出《で》たら、また暑《あつ》いんだろうな……。』

などと思《おも》っていると、その出口《でぐち》の階段《かいだん》の少《すこ》し手前《てまえ》から、だれかが歩《ある》いてくるのが見《み》えました。

それは、

ずぶぬれの女《おんな》の子《こ》です。

『ゲリラ豪雨《ごうう》にでもあったのかな。
かわいそうに。……あ、
でも私《わたし》もかさを持《も》ってないや。』
そんなことを考《かんが》えていると、

その女《おんな》の子《こ》はまっすぐに
はるかさんを目指《めざ》して歩《ある》いてきます。
はるかさんが少《すこ》し横《よこ》に寄《よ》っても、
まるで調子《ちょうし》を合《あ》わせるように
はるかさんと同《おな》じ方向《ほうこう》に向《む》きをずらし、
まっすぐにはるかさんを目指《めざ》して
歩《ある》いてくるのです。
『もしかして、
ちょっと変《へん》な人《ひと》なのかも……。』
そう思《おも》ったはるかさんは、
まっすぐ自分《じぶん》を目指《めざ》して歩《ある》いてくる
女《おんな》の子《こ》を直前《ちょくぜん》でさっとかわしましたが、

女《おんな》の子《こ》とはるかさんの手《て》が触《ふ》れました。
そのとき、聞《き》き取《と》れないほど
小《ちい》さな声《こえ》で
『……。』
何《なに》かをささやきましたが
よく聞《き》こえません。
『気《き》持《も》ち悪《わる》いっ！』
はるかさんはそのまま顔《かお》を背《そむ》けて、
早足《はやあし》で歩《ある》き去《さ》ろうとしました。
出口近《でぐちちか》くの階段《かいだん》には、ギラギラ照《て》りつける
太陽光《たいようこう》が……。
『さっさと出《で》てしまおう。』

そう思《おも》った矢先《やさき》、
『……え？　待《ま》って。』
と、はるかさんはふと思《おも》い直《なお》しました。

自分《じぶん》が地下道《ちかどう》に入《はい》ったとき、
外《そと》は暑《あつ》いぐらいの晴天《せいてん》だった。
あの女《おんな》の子《こ》を見《み》つけたのは、
今《いま》、自分《じぶん》がたどりついた出口近《でぐちちか》くだし、
すぐそこにある出口《でぐち》の階段《かいだん》からは
明《あか》るい日差《ひざ》しが差《さ》し込《こ》んでいる。
地下道《ちかどう》には他《ほか》にだれもいない。脇道《わきみち》もない。
じゃあ、あの女《おんな》の子《こ》はどこから

入《はい》ってきたの？

それに……。

女《おんな》の子《こ》が歩《ある》いていた
はずの地面《じめん》が、
どこも全《まった》くぬれていない。

そもそも、女《おんな》の子《こ》は何《なん》でずぶぬれなの？

はるかさんは、
防犯用《ぼうはんよう》に取《と》りつけられている鏡《かがみ》ごしに
今歩《いまある》いてきた地下道《ちかどう》を見《み》ました。

だれもいない。

……。

そして、はるかさんが女《おんな》の子《こ》と
すれちがったときに、触《ふ》れた手《て》は
びっしょりぬれていました。
意《い》を決《けっ》して、ふり返《かえ》るはるかさん。

だれも…いない。

すれ違《ちが》った場所《ばしょ》から、
女《おんな》の子《こ》が地上《ちじょう》へ出《で》て行《い》くには早《はや》すぎます。
外《そと》に出《で》ると雨《あめ》が降《ふ》ったあとは
どこにもなく、
強《つよ》い日差《ひざ》しだけがアスファルトと
はるかさんを溶《と》かすように
照《て》りつけていました。

街《まち》でおこった怖《こわ》い話《はなし》 第《だい》5話《わ》

白《しろ》いものが…

小学生《しょうがくせい》の美桜《みお》さんが体験《たいけん》した話《はなし》です。

塾《じゅく》が終《お》わり、すっかり暗《くら》くなった夕方《ゆうがた》、友《とも》だちと自転車《じてんしゃ》に乗《の》って家《いえ》に向《む》かっていたときのことでした。

大《おお》きな川沿《かわぞ》いを走《はし》っていると、白《しろ》い標識《ひょうしき》のようなものが、視界《しかい》の左上《ひだりうえ》に入《はい》ってきました。

最初《さいしょ》は特《とく》に気《き》にもせず、快調《かいちょう》にとばしていましたが、しばらくすると、また視界《しかい》の同《おな》じ位置《いち》にそれが入《はい》りました。

白《しろ》い標識《ひょうしき》のようなものをじっと見《み》つめた矢先《やさき》、

その白《しろ》いものが、

スーッとこちらに近《ちか》づいてきました！

アッ！と驚《おどろ》いた美桜《みお》さんの顔《かお》の横《よこ》を、白《しろ》いものが
通《とお》りすぎようとした瞬間《しゅんかん》、その正体《しょうたい》がわかりました…。

長《なが》い髪《かみ》をたなびかせた女性《じょせい》の生首《なまくび》!!

美桜《みお》さんと友《とも》だちは、自転車《じてんしゃ》を猛《もう》ダッシュさせて、
その場《ば》から立《た》ち去《さ》ったそうです。

川沿《かわぞ》いの道《みち》の向《む》こうには、川《かわ》を横切《よこぎ》る鉄道《てつどう》があります。
飛《と》び込《こ》み自殺《じさつ》で、体《からだ》がバラバラになる人《ひと》もよくいるという場所《ばしょ》です。

街《まち》でおこった怖《こわ》い話《はなし》

第《だい》6話《わ》

走《はし》りまわる少《しょう》女《じょ》

弟《おとうと》が生《う》まれたので、
つかささんが病院《びょういん》の産婦人科《さんふじんか》の
お母《かあ》さんのところに行《い》っていたときです。
日曜日《にちようび》の夕方《ゆうがた》なので、
病院《びょういん》は閑散《かんさん》としていました。
ろう下《か》の自動販売機《じどうはんばいき》でジュースを買《か》って、
病室《びょうしつ》に向《む》かっていると、
薄暗《うすぐら》いろう下《か》の向《む》こうをパタパタと
走《はし》りまわる小《ちい》さな白《しろ》い影《かげ》が見《み》えました。

その影《かげ》は三歳《さんさい》ぐらいの
女《おんな》の子《こ》のようです。
女《おんな》の子《こ》の影《かげ》は、ろう下《か》のあちこちを
パタパタ、パタパタと走《はし》って行《い》きました。
つかささんは、他《ほか》の病室《びょうしつ》に来《き》ている子《こ》が
遊《あそ》んでいるのかなと思《おも》ったのですが……。
『突然《とつぜん》、妹《いもうと》や弟《おとうと》ができて、
お母《かあ》さんがかまってくれないのかな。
無理《むり》もないよね……。』

そう思《おも》ったつかささんでしたが、
小《ちい》さな子《こ》どもが
一人《ひとり》で遊《あそ》んでいるのはよくないので、
つかささんは女《おんな》の子《こ》に声《こえ》をかけました。
「走《はし》ったらダメだよ。お部屋《へや》どこ？」
女《おんな》の子《こ》は立《た》ち止《ど》まり、つかささんを見《み》ました。
つかささんが近寄《ちかよ》ろうとすると、

女《おんな》の子《こ》はまたパタパタと足音《あしおと》を残《のこ》し、
ろう下《か》を走《はし》って行《い》きました。
「あっ、ちょっと……。」
つかささんが女《おんな》の子《こ》をよく見《み》ると、
走《はし》って行《い》く女《おんな》の子《こ》には
足《あし》がなかったのです…。
立《た》ち止《ど》まったつかささんには、
パタパタと走《はし》る足音《あしおと》だけが
聞《き》こえていたそうです。
もしかしたらこの病院《びょういん》で、
この世《よ》に生《う》まれることができなかった
子《こ》どもが遊《あそ》んでいるのでしょうか…。

街《まち》でおこった怖《こわ》い話《はなし》

第《だい》7話《わ》

橋《はし》の上《うえ》

ある日《ひ》の午後《ごご》、陽菜《ひな》さんはお母《かあ》さんに買《か》い物《もの》を頼《たの》まれたので、川向《かわむ》こうのスーパーマーケットに向《む》かっていました。
橋《はし》を渡《わた》っていると前方《ぜんぽう》の橋《はし》の中《なか》ほどに、荷台《にだい》に新聞《しんぶん》を積《つ》んで自転車《じてんしゃ》をゆっくり押《お》しているおじいさんの姿《すがた》が見《み》えました。
『追《お》いついたら、自転車《じてんしゃ》を押《お》してあげようかな…。』
と思《おも》って、橋《はし》の左右《さゆう》の川《かわ》を見《み》ながら、歩《ある》くスピードを上《あ》げておじいさんに近《ちか》づいたつもりだったのですが、おかしなことに、前方《ぜんぽう》のおじいさんとの距離《きょり》が最初《さいしょ》に見《み》たときと全《まった》く縮《ちぢ》まっていません。
陽菜《ひな》さんはかけ出《だ》しました。
それにもかかわらず、あいかわらずおじいさんは、
橋《はし》を渡《わた》るのを楽《たの》しむように、ゆっくり自転車《じてんしゃ》を押《お》しています。
さらに速度《そくど》を上《あ》げて、近《ちか》づこうとした瞬間《しゅんかん》！

おじいさんはス〜ッと

かき消《け》すように消《き》えてしまいました。
もちろん橋《はし》の下《した》に、だれかが落《お》ちた形跡《けいせき》もありませんでした…。
以前《いぜん》、この橋《はし》を毎日《まいにち》、早朝《そうちょう》と夕方《ゆうがた》、
新聞配達《しんぶんはいたつ》で渡《わた》るおじいさんがいたということです。
この橋《はし》を渡《わた》るのが大好《だいす》きだったおじいさんが、
亡《な》くなった今《いま》でも新聞配達《しんぶんはいたつ》をしているのでしょうか…。

街《まち》でおこった怖《こわ》い話《はなし》 第《だい》8話《わ》

ホームの下《した》

その日《ひ》、亜理沙《ありさ》さんはお母《かあ》さんといっしょに
T線《ティーせん》のO駅《オーえき》近くのショッピングモールに出《で》かけていました。
買《か》い物《もの》をすませたお母《かあ》さんと亜理沙《ありさ》さんは、
家《いえ》に帰《かえ》ろうと、O駅《オーえき》の四番線《よんばんせん》ホームへと、
エスカレーターで上《あ》がってきたときです。

時刻《じこく》は夕方頃《ゆうがたごろ》です。

帰宅《きたく》ラッシュ前《まえ》ですが、ホームには、あちこちで乗客《じょうきゃく》が、

電車《でんしゃ》の到着《とうちゃく》を待《ま》っていました。
電車《でんしゃ》を待《ま》つ人《ひと》の列《れつ》が少《すく》ないところを探《さが》した亜理沙《ありさ》さんたちは、だれも並《なら》んでいない場所《ばしょ》があったので、
そこに立《た》って、電車《でんしゃ》の到着《とうちゃく》を待《ま》っていました。
しばらくすると、亜理沙《ありさ》さんは何《なに》か変《へん》な感《かん》じがしました。
足下《あしもと》に何《なに》かいるような気《き》がしたのです。
何《なん》だろうと、見《み》たとき
亜理沙《ありさ》さんはギョッとしました!!
ホームの下《した》の線路内《せんろない》に、
サラリーマンが立《た》っていたのです!
一瞬《いっしゅん》、気《き》づかないうちに男《おとこ》がホームの下《した》に落下《らっか》したのかと思《おも》いました。

ですが、見《み》ると、その男《おとこ》は無表情《むひょうじょう》のまま、
首《くび》と両手《りょうて》だけをニュッとホーム上《じょう》に
突《つ》き出《だ》してきたのです！
それはまるで、今《いま》にでも、
だれかの足《あし》をつかもうとしているかのように…。
「ひゃ!!」
思《おも》わず後《あと》ずさりする亜理沙《ありさ》さんは、お母《かあ》さんにしがみつきました。
しかし後《うし》ろに下《さ》がった分《ぶん》、目《め》に見《み》える部分《ぶぶん》が広《ひろ》くなって
さらにイヤな光景《こうけい》が見《み》えてきたのです。
何《なん》と、線路内《せんろない》にいるのは、
一人《ひとり》ではない…。

その男《おとこ》の他《ほか》にも数人《すうにん》…それぞれが間隔《かんかく》を空《あ》けて立《た》っていたのです!!!
そしてその全員《ぜんいん》が、ホーム上《じょう》にいる人《ひと》たちの足《あし》をつかもうと
両手《りょうて》を伸《の》ばしているのです!!!!

パーーーン！

電車《でんしゃ》の警笛《けいてき》が鳴《な》り響《ひび》きました。
侵入《しんにゅう》してくる電車《でんしゃ》に気《き》を取《と》られている間《あいだ》に、
男《おとこ》たちは消《き》えてしまいました。
お母《かあ》さんが亜理沙《ありさ》さんに、
「どうしたの？　急《きゅう》に…。」と言《い》いました。
「あれっ、お母《かあ》さんに見《み》えないの……？」

このT線《ティーせん》、なぜかホームからの飛《と》び込《こ》みや
転落事故《てんらくじこ》があとを絶《た》たない路線《ろせん》なのです。
その理由《りゆう》はこの幽霊《ゆうれい》たちにあるのかもしれません…。

街《まち》でおこった怖《こわ》い話《はなし》 第《だい》9話《わ》

合《あい》図《ず》

病院《びょういん》にお母《かあ》さんのお見舞《みまい》いに行《い》っているうちに、愛《あい》さんは突《つ》きあたりの病室《びょうしつ》のおばあさんと仲良《なかよ》しになりました。

おばあさんは、ガンを患《わずら》っていて、点滴《てんてき》をしたまま寝《ね》たきりです。

看護師《かんごし》さんを呼《よ》ぶときは、手元《てもと》のボタンを押《お》して合図《あいず》を出《だ》していました。

しかし、そのおばあさんは、病状《びょうじょう》が悪《わる》くなり、数日後《すうじつご》の夜《よる》に亡《な》くなってしまいました。

遺体《いたい》が家族《かぞく》のもとに帰《かえ》ったその日《ひ》、
愛《あい》さんがナースステーションで看護師《かんごし》さんと話《はな》していると、
コールベルが鳴《な》りました。

〝ブーブーブー〟

〝ブーブーブー〟

そう、あのおばあさんがいつも出《だ》していたあの合図《あいず》です…。
それが、おばあさんがいなくなり、空《あ》き室《しつ》になった病室《びょうしつ》からです。
看護師《かんごし》さんが病室《びょうしつ》を見《み》に行《い》きましたが、だれもいません。
ナースセンターにもどると、やはりブザーの音《おと》が聞《き》こえます。
それから、その音《おと》は一週間《いっしゅうかん》、決《き》まった時間《じかん》に鳴《な》り響《ひび》きました。
その時間《じかん》とは、ちょうど、
おばあさんが亡《な》くなった時間《じかん》だったのです。

更《こう》衣《い》室《しつ》

小学生《しょうがくせい》の蓮《れん》さんのお父《とう》さんが、学習塾《がくしゅうじゅく》の更衣室《こういしつ》で体験《たいけん》した話《はなし》です。残業《ざんぎょう》が終《お》わり、お父《とう》さんは着替《きが》えるために更衣室《こういしつ》へ入《はい》りました。

時間《じかん》は夜十時《よるじゅうじ》すぎです。更衣室《こういしつ》の入《い》り口《ぐち》は一《ひと》つで、中《なか》に入《はい》ると右側《みぎがわ》はロッカーをL《エル》字《じ》に、左側《ひだりがわ》は逆《ぎゃく》L《エル》字《じ》にロッカーを配置《はいち》し、一部屋《ひとへや》を男女別《だんじょべつ》に分《わ》けた作《つく》りになっています。照明《しょうめい》は男女共用《だんじょきょうよう》でした。

〝ガタン…キイ〜〜ッ……〟

女子更衣室《じょしこういしつ》ロッカーの扉《とびら》を、だれかが開《あ》け閉《し》めする音《おと》が聞《き》こえました。

『あれ？　残業《ざんぎょう》していた人《ひと》がいたんだ。』

着替《きが》え終《お》わったお父《とう》さんは、照明《しょうめい》をつけたまま、女子用《じょしよう》ロッカーのほうを向《む》いて声《こえ》をかけました。

「帰《かえ》るときには電気《でんき》を消《け》してください。」

…反応《はんのう》がありません。
「あれ？　だれかいる？」
…やはり反応《はんのう》がありませんでした。
お父《とう》さんが更衣室《こういしつ》を出《で》ようとしたとき、

〝ガタンバタン！
パキ〜ン！〟

何《なに》かが倒《たお》れるような音《おと》がしました。
「おい！大丈夫《だいじょうぶ》か？」
だれかが倒《たお》れたのかなと思《おも》って、
お父《とう》さんは女子側《じょしがわ》の更衣室《こういしつ》へと
向《む》かっていきました。

「入《はい》るけど、いいか？」
お父《とう》さんはそっとのぞき込《こ》みました。
だれもいません。
また、何《なに》かが倒《たお》れたようすもありません。
『あれ……？』
窓《まど》のカギも確認《かくにん》しましたが、開《ひら》いていません。
だれかが外《そと》から入《はい》ってきたようでも
ありませんでした。
不思議《ふしぎ》だなと思《おも》いながら、
お父《とう》さんは更衣室《こういしつ》の出口《でぐち》へと向《む》かいました。
〝カサッ！〟
後《うし》ろで何《なに》か物音《ものおと》がしました。

ふり返《かえ》ると！
真《ま》っ黒《くろ》な女《おんな》が、
そこに立《た》っていました！
いや、立《た》っているどころか、
お父《とう》さんに向《む》かって歩《ある》いてきた！
いや、歩《ある》いてなんかじゃない……。
滑《すべ》るように向《む》かってきた!!
〝グゥアアアア〜〜〜!!〟
女《おんな》はものすごい声《こえ》を
発《はっ》しながら
向《む》かってきます！

「うわぁ〜〜〜っ!!」
お父《とう》さんは思《おも》わずその女《おんな》に背《せ》を向《む》け、
頭《あたま》と顔《かお》を両腕《りょううで》でかくすように
座《すわ》り込《こ》みました！
しばらくして、恐《おそ》る恐《おそ》るそっと
顔《かお》を上《あ》げてみました。

そこにはもう、その女《おんな》はいませんでした。
後日《ごじつ》わかったことですが、
以前《いぜん》、学習塾近《がくしゅうじゅくちか》くの道路《どうろ》で
女性《じょせい》の焼身自殺《しょうしんじさつ》があったらしく、
その場所《ばしょ》が、更衣室《こういしつ》から見《み》える道路《どうろ》での
できごとだったそうです。

街《まち》でおこった怖《こわ》い話《はなし》

第《だい》11話《わ》

夢《ゆめ》の町《まち》

最近《さいきん》、真央《まお》さんはよく夢《ゆめ》の中《なか》で、
知《し》らない町《まち》を歩《ある》いているときがあります。
十日前《とおかまえ》ごろから、この夢《ゆめ》をよく見《み》ます。
夢《ゆめ》の中《なか》の町《まち》は、いつも人《ひと》がだれもいません。
そして、よくクロネコが現《あらわ》れます。
クロネコはいつも突然《とつぜん》現《あらわ》れるので、
びっくりして、目《め》が覚《さ》めてしまうのです。
でも、ある日《ひ》の夢《ゆめ》は
ちょっと違《ちが》っていました。

夢《ゆめ》を見《み》ながら「これは夢《ゆめ》だな。」と
わかりました。
「そろそろ、クロネコが出《で》てくるぞ。
今度《こんど》はびっくりしないぞ。」
と思《おも》っていると、
やはり、クロネコが出《で》てきました。
「クロネコちゃん、待《ま》って!」と
追《お》いかけました。
もう少《すこ》しで追《お》いつくというところで、

かけていた目覚《めざ》まし時計《どけい》が鳴《な》って、
目《め》が覚《さ》めてしまいました。
「う〜ん、残念《ざんねん》。」
それから、何度《なんど》も夢《ゆめ》に現《あらわ》れた同《おな》じ町《まち》を、
地図《ちず》にかいてみました。

そして、ある日《ひ》の夢《ゆめ》は、
クロネコが出《で》てきても夢《ゆめ》が覚《さ》めません。
クロネコは、コーヒー店《てん》の前《まえ》で
止《と》まりました。
真央《まお》さんが中《なか》に入《はい》ると、
「やあ、久《ひさ》しぶり。待《ま》ってたよ。」
そこにいたのは一年前《いちねんまえ》、
急《きゅう》にお父《とう》さんの仕事《しごと》の関係《かんけい》で
転校《てんこう》していった将《しょう》くんです。
「あれ、将《しょう》くんだ…。」
と、思《おも》ったとき、
また、目覚《めざ》まし時計《どけい》の音《おと》で
目《め》が覚《さ》めてしまいました。
私《わたし》が作《つく》った夢《ゆめ》の中《なか》の地図《ちず》を
お母《かあ》さんに見《み》せると、
「これ、隣《となり》の町《まち》に似《に》ているね。」
と教《おし》えてくれました。
真央《まお》さんは日曜日《にちようび》に、
隣《となり》の町《まち》に行《い》ってみることにしました。

町《まち》を少《すこ》し歩《ある》くと、夢《ゆめ》ではないのに
クロネコが現《あらわ》れたのです。
「よし。」と思《おも》って
クロネコについていくと、
夢《ゆめ》の中《なか》に出《で》てきたコーヒー店《てん》の
前《まえ》で止《と》まりました。真央《まお》さんは、
「ようやく見《み》つけたぞ！
また、将《しょう》くんに会《あ》えるかな…。
でも、突然《とつぜん》だから無理《むり》かも…。」
と思《おも》って、コーヒー店《てん》に入《はい》ると、
「いらっしゃいませ。」と、店長《てんちょう》の声《こえ》。
お店《みせ》の中《なか》を見《み》まわしましたが、
将《しょう》くんはやっぱりいませんでした。

店長《てんちょう》に携帯《けいたい》の写《しゃ》メを見《み》せて、
「あの、突然《とつぜん》ですがこの人《ひと》…
知《し》っていますか？」と聞《き》いたところ
「将《しょう》くんだね。お父《とう》さんが私《わたし》の友人《ゆうじん》で、
お父《とう》さんがコーヒー好《ず》きなので、
この子《こ》はよくいっしょに店《みせ》に来《き》ていたよ。
でも、若《わか》いのに残念《ざんねん》でしたよね…。」
と言《い》うので、
真央《まお》さんはびっくりしました。
「どういうことですか…？」
「あっ、ご存《ぞん》じなかったのですか…。
実《じつ》は、将《しょう》くんは十日前《とおかまえ》、交通事故《こうつうじこ》で

亡《な》くなったんです。」

「えっ……!?」

真央《まお》さんはびっくりしました。

でも、もっとびっくりしたのは、
店長《てんちょう》が手《て》にしていた本《ほん》です。

「この本《ほん》は、将《しょう》くんが、亡《な》くなる
前《まえ》の日《ひ》に店《みせ》に忘《わす》れていったんだよ。」

その本《ほん》は、小説好《しょうせつず》きの将《しょう》くんに、
私《わたし》が転校前《てんこうまえ》に貸《か》した本《ほん》でした。

「将《しょう》くんは、借《か》りた本《ほん》が気《き》になって
いたんだ……。」

この本《ほん》がもどってきてから、真央《まお》さんは
一度《いちど》だけクロネコの夢《ゆめ》を見《み》ました。

本《ほん》を読《よ》んでいる将《しょう》くんが
「真央《まお》さん、ありがとう。」
と言《い》って、そのそばにはクロネコが
寄《よ》りそっていました。

★怨《うら》む幽霊《ゆうれい》&《アンド》おばけ〜★

「幽霊《ゆうれい》」や「おばけ」は、この世《よ》に怨《うら》みを残《のこ》して死《し》んだ人《ひと》が、亡霊《ぼうれい》となって出《で》ることが多《おお》いようだ…。

1 お菊《きく》さん（番町皿屋敷《ばんちょうさらやしき》）

江戸《えど》時代《じだい》のことです。お菊《きく》さんは、江戸《えど》の旗本《はたもと》（将軍家《しょうぐんけ》に直接《ちょくせつ》つかえた武士《ぶし》）である青山主膳《あおやましゅぜん》のお屋敷《やしき》に奉公《ほうこう》（やとわれて家《いえ》のいろいろな仕事《しごと》をすること）に出《で》ていました。

ある日《ひ》、主膳《しゅぜん》が大切《たいせつ》にしていた十枚組《じゅうまいぐみ》の皿《さら》の一枚《いちまい》をなくしてしまいました。怒《おこ》った主人《しゅじん》は、お菊《きく》を屋《や》敷《しき》の中《なか》にある井戸《いど》に投《な》げ込《こ》んで殺《ころ》してしまいました。実《じつ》は、お菊《きく》が皿《さら》をなくしたのではなくて、主膳《しゅぜん》の家《け》来《らい》がいやがらせで皿《さら》をかくしたという説《せつ》もあるのです。殺《ころ》されたお菊《きく》の霊魂《れいこん》が幽霊《ゆうれい》となって、井戸《いど》から出《で》てきてお皿《さら》を一枚《いちまい》、二枚《にまい》と数《かぞ》え始《はじ》めるのです…。

2 お岩《いわ》さん（四谷《よつや》怪談《かいだん》）

江戸《えど》時代《じだい》のことです。お岩《いわ》さんという女性《じょせい》が伊右衛門《いえもん》と結婚《けっこん》しました。ところが、伊《い》右衛門《えもん》は、ほかの女《おんな》の人《ひと》を好《す》きになってしまったのです。じゃまになったお岩《いわ》さんは、伊右衛門《いえもん》に少《すこ》しずつ毒《どく》を飲《の》まされて、顔《かお》がみにくくなってしまいました。そして、他《ほか》の男《おとこ》と心中《しんじゅう》したようにみせかけて、殺《ころ》されました。

お岩《いわ》さんは、伊右衛門《いえもん》や自《じ》分《ぶん》を苦《くる》しめた人《ひと》たちに、怨《うら》みを晴《は》らそうと幽霊《ゆうれい》となって出《で》てくるのです。場所《ばしょ》が江戸《えど》の雑司ヶ谷四谷町《ぞうしがやよつやちょう》だったので、「四谷怪談《よつやかいだん》」といわれています。

3 生《い》き霊《りょう》

生《い》きている人《ひと》の霊《れい》。

その人《ひと》自身《じしん》の姿《すがた》で現《あらわ》れるものもあれば、形《かたち》のないものもある。ある限《かぎ》られた人《ひと》のことを思《おも》いつめて、その人《ひと》の前《まえ》に現《あらわ》れたり、取《と》り憑《つ》いたりする。

恋《こい》しいという場合《ばあい》もあるけど、「たたってやる。」という、怨《うら》みをいだくほうが多《おお》く、「あの人《ひと》が病気《びょうき》になればいい。」と思《おも》うだけでも、人《ひと》に取《と》り憑《つ》いて、その人《ひと》を苦《くる》しめて、殺《ころ》してしまうこともある。

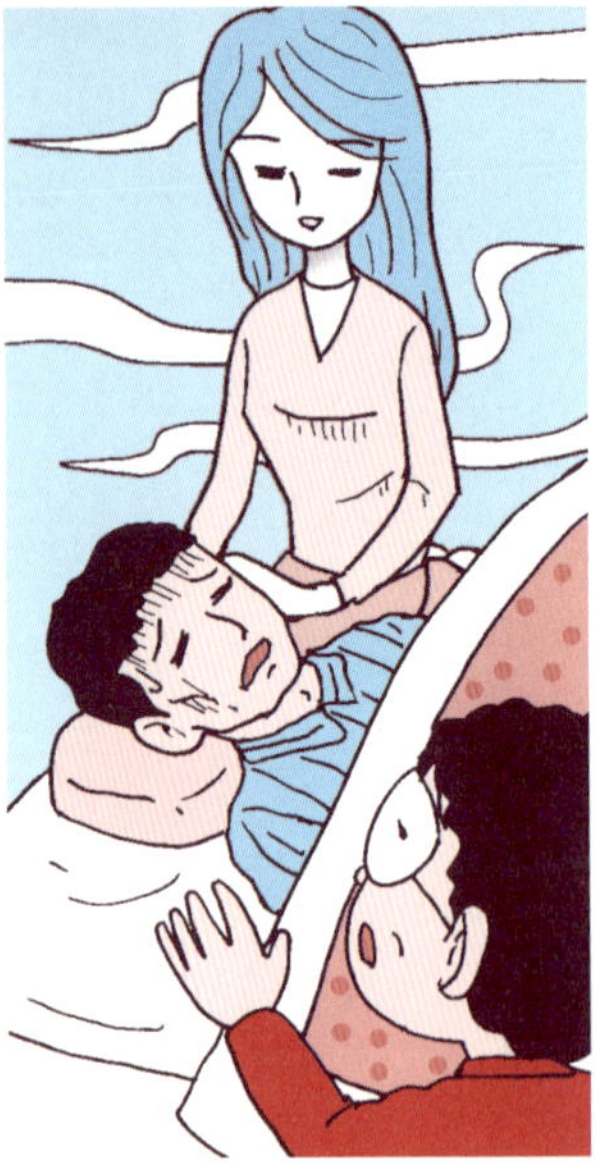

4 産女《うぶめ》

妊娠《にんしん》したまま死《し》んだり、または出産《しゅっさん》したときに母親《ははおや》だけが死《し》んでしまい、成仏《じょうぶつ》できないでいると「産女《うぶめ》」という幽霊《ゆうれい》になる。

下半身《かはんしん》を赤《あか》く染《そ》め、赤《あか》ちゃんを抱《だ》いて、橋《はし》や道《みち》に現《あらわ》れる。通行人《つうこうにん》に子《こ》どもを抱《だ》いてほしいと言《い》って、赤《あか》ちゃんを差《さ》し出《だ》すという。

5 逆《さか》さ女《おんな》

海《うみ》や井戸《いど》に逆《さか》さまに投《な》げ込《こ》まれて殺《ころ》された女《おんな》が、殺《ころ》されたときと同《おな》じ逆《さか》さ姿《すがた》のまま亡霊《ぼうれい》となって、怨《うら》みを晴《は》らそうとして現《あらわ》れる。また、成仏《じょうぶつ》できない執《しゅう》念深《ねんぶか》い女《おんな》が、逆《さか》さまのまま地獄《じごく》に落《お》ちるという説《せつ》もある。

6 首《くび》かじり

飢《う》えた老人《ろうじん》に食《た》べ物《もの》を与《あた》えなかったり、旅人《たびびと》に食《た》べ物《もの》を与《あた》えず飢《う》え死《じ》にさせた人《ひと》が死《し》んだとき、飢《う》え死《じ》にした霊《れい》が、墓《はか》を掘《ほ》りおこし、その人《ひと》の首《くび》を食《た》べるという。また、亡《な》くなった人《ひと》への供物《くもつ》が少《すく》なかったりすると、ひもじい思《おも》いをした鬼《おに》が勝手《かって》に墓《はか》を掘《ほ》りおこし、首《くび》をかじるという説《せつ》もある。

7 メデューサ

美《うつく》しい女性《じょせい》だったメデューサは、女神《めがみ》アテーナーの怒《いか》りを買《か》って、みにくい怪物《かいぶつ》にされてしまった。見《み》たものを石《いし》に変《か》える力《ちから》を持《も》っていたので、だれも愛《あい》することができなかった。そして、最後《さいご》はペルセウスという若者《わかもの》に首《くび》をはねられてしまう。

8 セイレーン

上半身《じょうはんしん》が美女《びじょ》で、下半身《かはんしん》が鳥《とり》の怪人《かいじん》。

美《うつく》しい歌声《うたごえ》で海《うみ》を通《とお》る船《ふね》に乗《の》っている人《ひと》たちを惑《まど》わして遭難《そうなん》させてしまう。歌声《うたごえ》に誘《さそ》われて殺《ころ》された人間《にんげん》が島《しま》や山《やま》になっているという。セイレーンは、もともと美《うつく》しい娘《むすめ》だったが、女神《めがみ》アプロディーテの怒《いか》りを買《か》い、鳥《とり》にさせられたといわれている。

山《やま》・海《うみ》でおこった怖《こわ》い話《はなし》

全《ぜん》7話《わ》

美《うつく》しい自然《しぜん》とさわやかな空気《くうき》…。
だれもいないはずのところから
視線《しせん》を感《かん》じたことはないですか…。
あなたが気《き》づかないところで、
霊《れい》はあなたの行動《こうどう》をじーっと見《み》ているかも…。
山《やま》や海《うみ》では、ただのうわさ話《ばなし》とは思《おも》えない
怖《こわ》いできごとがいっぱい…。

山《やま》・海《うみ》でおこった怖《こわ》い話《はなし》

第《だい》1話《わ》

だれかに見《み》られている

颯太《そうた》くんは友《とも》だち三人《さんにん》と、地元《じもと》にある山奥《やまおく》の小《ちい》さなダムへ、遊《あそ》びに出《で》かけました。

颯太《そうた》くんたち四人《よにん》は、ダム湖周辺《こしゅうへん》の山中《さんちゅう》を歩《ある》き始《はじ》めたそうです。

そろそろダムの頂上付近《ちょうじょうふきん》にさしかかろうかというところで颯太《そうた》くんは、空気《くうき》が妙《みょう》に重《おも》くなっていることに気《き》づきました。

季節《きせつ》は春先《はるさき》の山中《さんちゅう》で、肌寒《はだざむ》いくらいのはずなんですが、

背中《せなか》のほうがジメジメしてくるような空気《くうき》のよどんだ感触《かんしょく》です。

「おい、何《なん》かこの辺《へん》の空気《くうき》、変《へん》じゃないか?」

思《おも》わず颯太《そうた》くんは、他《ほか》のみんなに話《はな》しかけました。

しかしみんなは「そうか?普通《ふつう》だろ。」と、気《き》にしない返事《へんじ》です。

どうやらこの感覚《かんかく》は、颯太《そうた》くんだけが感《かん》じているようです。

歩《ある》けば歩《ある》くほど、背中《せなか》にまとわりつくような重苦《おもくる》しいジメジメした感触《かんしょく》が強《つよ》くなってきました。


『何《なん》だ、この感覚《かんかく》…。』そう思《おも》ったちょうどそのとき、はっきりとわかったのです。

この感覚《かんかく》はだれかの視線《しせん》だということを！
だれかが颯太《そうた》くんを見《み》ている。しかし、周《まわ》りにはだれもいない。
重苦《おもくる》しく…悲《かな》しいような…ねっとりとした視線《しせん》…。
我慢《がまん》ができなくなった颯太《そうた》くんは、
反射的《はんしゃてき》にふり返《かえ》って視線《しせん》を感《かん》じる方向《ほうこう》に目《め》を向《む》けました。

ダムの防壁《ぼうへき》の上《うえ》のカーブのところに、
白《しろ》いフルフェイスのヘルメットをかぶった男《おとこ》が…
立《た》っています。
肩《かた》やひじの部分《ぶぶん》が破《やぶ》けたトレーナー、下《した》にレーシング用《よう》の
革《かわ》のつなぎを身《み》につけていますが、じっと目《め》を凝《こ》らして見《み》ると、
その上《うえ》から下《した》までが、全《ぜん》身《しん》血《ち》まみれです。

うらめしそうに突《つ》っ立《た》って、颯太《そうた》くんのほうをじ～っと見《み》ています。
驚《おどろ》いた颯太《そうた》くんは、他《ほか》のみんなに「おい！　あれ!!」と指差《ゆびさ》しました。
しかしみんなは「何言《なにい》ってんの？」と全《まった》く見《み》えていないようすです。
気《き》がつくと、颯太《そうた》くんが見《み》ても、すでにその場所《ばしょ》には
だれもいなくなっていました…。
そんなことがあったので、その日《ひ》はすぐに引《ひ》き上《あ》げました。
後日《ごじつ》、颯太《そうた》くんが、別《べつ》の友人《ゆうじん》にその体験《たいけん》を話《はな》したところ
「颯太《そうた》くん。あそこで一人《ひとり》亡《な》くなってるよ。」と教《おし》えてくれました。
ダムの上《うえ》の道路《どうろ》を走《はし》っていたライダーが
突《つ》き当《あ》たりのコンクリートの壁《かべ》を曲《ま》がりきれずに激突《げきとつ》したのです。
壁《かべ》にたたきつけられたライダーは、全身血《ぜんしんち》まみれで即死《そくし》でした。
それはまさに、颯太《そうた》くんが、目撃《もくげき》した場所《ばしょ》だったのです。

山《やま》・海《うみ》でおこった怖《こわ》い話《はなし》

第《だい》2話《わ》

私《わたし》、呼《よ》べるよ

「私《わたし》、幽霊《ゆうれい》を呼《よ》べるよ。」

小学校《しょうがっこう》の林間学校《りんかんがっこう》の夜《よる》です。風花《ふうか》さんたちは、旅館《りょかん》で怪談話《かいだんばなし》に盛《も》り上《あ》がっていました。唯《ゆい》さんが言《い》ったことに、みんなは「ウソだー！」「マジありえない!!」と言《い》いました。

それまで怪談話《かいだんばなし》をしていたのですが、風花《ふうか》さんたちはすぐには信《しん》じられません。

「本当《ほんとう》だって。本当《ほんとう》に呼《よ》べるんだよ！」

と、唯《ゆい》さんが言《い》いはるので、それでは実際《じっさい》に呼《よ》んでみようということになりました。

唯《ゆい》さんが目《め》をつぶり、何《なに》かを唱《とな》えるようにモゴモゴと口《くち》を小《ちい》さく動《うご》かし始《はじ》めました。風花《ふうか》さんたちも、ちょっと本当《ほんとう》かなと疑《うたが》いながらも静《しず》かにそれを見守《みまも》りました。

唯《ゆい》さんが何《なに》かを唱《とな》え始《はじ》めて一分《いっぷん》もしない頃《ころ》、
風花《ふうか》さんのそばにいたクラスメートの
紗羅《さら》さんが
「ん？」と、
なにやら耳《みみ》を
そばだてました。
「あっちから、何《なん》か聞《き》こえない？」
紗羅《さら》さんはそう言《い》って、
部屋《へや》の外《そと》の遠《とお》くのほうを指差《ゆびさ》しました。
指先《ゆびさき》のほうに耳《みみ》を傾《かたむ》けた風花《ふうか》さんたちは、
確《たし》かに、窓《まど》の外《そと》の遠《とお》くから
何《なに》かが聞《き》こえてきました。

唯《ゆい》さん以外《いがい》の全員《ぜんいん》が一《ひと》つの方向《ほうこう》に
神経《しんけい》を集中《しゅうちゅう》させていたとき、
風花《ふうか》さんは思《おも》わずびくっとして
逆方向《ぎゃくほうこう》にふり向《む》きました。
〝……あー〟
窓《まど》の外《そと》から聞《き》こえていた音《おと》が、
今度《こんど》は、逆方向《ぎゃくほうこう》の部屋《へや》の
入《い》り口《ぐち》からも声《こえ》がしてくるのです！
「ちょっと！　今度《こんど》こっちから聞《き》こえない？」
「あれ！　またこっちから聞《き》こえた！」
全員《ぜんいん》で耳《みみ》をすませました。
「これ……交互《こうご》に聞《き》こえてるよね？」

〝……やあー〟

〝……………いやあー〟

右《みぎ》から。左《ひだり》から。

しかも、明《あき》らかに声《こえ》が大《おお》きくなっている。

紗《さ》羅《ら》さんがつぶやきました。

「これ……悲《ひ》鳴《めい》みたいじゃない？」

風《ふう》花《か》さんたちは

「いやだ」とばかりに小《ちい》さく首《くび》を振《ふ》ります。

〝……いいやあああー〟

〝………いいいいいや
ああああー〟

「大《おお》きくなってるよ！
これ……近《ちか》づいてきてない？」

紗《さ》羅《ら》さんの言《こと》葉《ば》に、
みんながハッとしました。

唯《ゆい》さんは変《か》わらずに目《め》を閉《と》じ、
何《なに》かを唱《とな》えています。

〝……ざいいいいや
あああああー〟

〝…ざいいいいいいいや
ああああああああー〟

その悲鳴《ひめい》は部屋《へや》の外《そと》から、
風花《ふうか》さんたちの部屋《へや》をピリピリと
震《ふる》わせるほどに大《おお》きくなってきました。

「きゃあっ!!」

怖《こわ》さに我慢《がまん》できなくなった風花《ふうか》さんたちは、
耳《みみ》を押《お》さえたまま唯《ゆい》さんのまわりに
集《あつ》まりました!

すると……。

〝ぎいいいいいいいいやあああ
ああああああああああ
あーっ!!!〟

部屋《へや》の中《なか》に輪《わ》になって集《あつ》まった
風花《ふうか》さんたち全員《ぜんいん》の背後《はいご》で、

ものすごい大《おお》きさの悲鳴《ひめい》が
響《ひび》き渡《わた》ったのです。
部屋中《へやじゅう》を震《ふる》わす悲鳴《ひめい》の中《なか》を、
怖《こわ》さのあまり、風花《ふうか》さんたちは
部屋《へや》の外《そと》へ逃《に》げ出《だ》しました。
ろう下《か》に出《で》たとたん、
あんなに大《おお》きかった悲鳴《ひめい》は
全《まった》く聞《き》こえなくなりました。
でも、部屋《へや》の中《なか》に残《のこ》った唯《ゆい》さんの
「きゃは」という笑《わら》い声《ごえ》だけは、
はっきり聞《き》こえたと、
風花《ふうか》さんは言《い》っていました。

山《やま》・海《うみ》でおこった怖《こわ》い話《はなし》 第《だい》3話《わ》
うずくまる女《おんな》
夏休《なつやす》みに親戚《しんせき》の家《いえ》に遊《あそ》びに行《い》きました。
かわぐちけい
きゃー、冷《つめ》たい。
舞衣《まい》ちゃん、そこカニいるよ。

捕《つか》まえた！
やっぱ、ここいいなあ。
海《うみ》も山《やま》もあって、遊《あそ》ぶとこいっぱい！
じゃあさ、お昼《ひる》ごはん食《た》べたら、山《やま》に行《い》く？
この前《まえ》、すごくきれいな花畑《はなばたけ》、見《み》つけたんだ。
ほんと？行《い》ってみたい！
ぼくもー！
えっー、健太《けんた》山道《やまみち》登《のぼ》れる？
登《のぼ》れるもん！

あんたたち山《やま》に行《い》くの?
あんまり奥《おく》に行《い》くと…。
大丈夫《だいじょうぶ》!
すぐ帰《かえ》ってくるから。
ミーン
ミーン
山《やま》の中《なか》でも暑《あつ》〜い。
そうだねー。
けっこう登《のぼ》るんだね。
うん…。前《まえ》に来《き》たとき、こんなに登《のぼ》ったかなあ。
ミーン
ミーン

お姉《ねえ》ちゃーん、ぼく疲《つか》れたー。
だから、登《のぼ》れるって聞《き》いたのに。
あー…、きっともうちょっとだよ。
自然を大切に
がんばろう。
か…花音《かのん》ちゃん、ここクマなんか怖《こわ》い動物《どうぶつ》は出《で》ないよね。
今さらだけど
へ？
ああ…。
気《き》をつけたほうがいいよ。
茂《しげ》みから突然《とつぜん》ガオーッて。
いやーっ。

やばいよ。帰《かえ》ろうよ！
なんてね。うそうそ。
れえっ。
クマが出《で》たなんて、聞《き》いたことないもん。
ないない！
もーっ。
あっ。
あそこ！
花《はな》が見《み》えるよ。
ほんとだ行《い》こう！

わああっ。
すごい。お花《はな》がいっぱい。
遊《あそ》ぼう、遊《あそ》ぼう。
カナカナ
そろそろ帰《かえ》ろうか。
日が落ちてきた
えー、もっと遊《あそ》ぶー。
また、来《こ》ようよ。
カナ
カナ

カナカナ
あれ？
この道《みち》、さっき来《き》た道《みち》と違《ちが》う。
うそっ。
どうしよう。もしかして迷《まよ》った!?
カナカナ
大丈夫《だいじょうぶ》。この道《みち》でも帰《かえ》れるみたいだし。
漁港神社
1600m
大丈夫《だいじょうぶ》。
ほんと？ほんとに？
心配《しんぱい》ないって。
う〜
ほんとに大丈夫《だいじょうぶ》かなあ…。

何《なん》か薄暗《うすぐら》くなってきたね。
パキッ
それに、
さっきまで聞《き》こえていたセミの声《こえ》が
ぜんぜん聞《き》こえなくなってる。
何《なん》か…、ちょっと怖《こわ》い…。
あれ？
あそこ…、人《ひと》がいる。
えっ？
何《なに》をしてるんだろう。
すごく汚《きたな》いかっこう…。

ちょっと気味《きみ》が悪《わる》い…。
……かかわらないほうがいいよ。行《い》こう。
うん。
あれっ…、この道《みち》、さっきも…。
ねえ、ここさっき通《とお》らなかった？
えっ？
一本道《いっぽんみち》だったじゃない。迷《まよ》うはずないよ。

あっ。
どうしたの花音《かのん》ちゃん。
……えっ。
さっきの女《おんな》の人《ひと》…!
やっぱり、同《おな》じところにもどって来《き》ちゃってたんだ。
うん。
あのおばさんずっと動《うご》かないよね。
……。
ねえ、おばさーんどうしたのー?
健太《けんた》!

いいから
行《い》くよ！
暗《くら》くなる前《まえ》に
帰《かえ》らなきゃ！
あっ、待《ま》って。
花音《かのん》ちゃん…。
うわあああああっ。
健太《けんた》くん？
ひっ…。

ケガしてる…？
でもこれ…
普通《ふつう》のケガじゃない。
何《なん》か…。
何《なん》か
頭《あたま》が欠《か》けて…。
ぐ…、
あ…あ。
ふらっ
健太《けんた》！
舞衣《まい》ちゃん！
早《はや》く！
はあ
はあ
はあ

花音《かのん》ちゃん、あれ…。
あんなのおかしいよ。
あんなケガで生《い》きてるわけ…。
キャッ
…何《なん》の音《おと》?
キャッ
キャッ
キャッ
キャッ
後《うし》ろから…。
キャッ
キャッ
キャッ
キャッ
キャッ
キャッ
キャッ
キャッ
きゃあああっ。

追《お》いかけてくる！
どうして？
もっと速《はや》く走《はし》って！
チャッ
チャッ
チャッ
チャッ
速《はや》い！
チャッ
チャッ
チャ
あんなの女《おんな》の人《ひと》の速《はや》さじゃない!!
健太《けんた》！
立《た》って！
早《はや》く！
あっ。
ズサッ
あっ……。

ぐあ…、
あああっ。
捕《つか》まる――――!!
ガサッ

どうしたんだきみたち。
何《なに》かあったのか？
あっ…。
う…、後《うし》ろから…。
後《うし》ろ？
えっ？
いない――？
うわあああっ。
女《おんな》の人《ひと》の姿《すがた》は、もうどこにもなく――。

怖《こわ》かった…。
怖《こわ》かったよお。
家《いえ》にもどってから
聞《き》いても、
そんな人《ひと》は
見《み》たことがないと
言《い》われました。
夏休《なつやす》みも
終《お》わりーー。
結局《けっきょく》。
あの人《ひと》は、
何《なん》だったんだろう…。
舞《ま》衣《い》、
いとこの周平《しゅうへい》くん
来《き》てるわよ。
よー。

ん？
これ宿題《しゅくだい》？
あ、
うん。
夏休《なつやす》みに怖《こわ》いことがあって、作文《さくぶん》にしてみたんだ。
…これ。
ん？
この場所《ばしょ》ってここじゃない？
カチャカチャッ
うん、ここだけど。
ここの山道《やまみち》を入《はい》って…。
何《なん》でわかったの？
前《まえ》に大学《だいがく》で読《よ》んだ文献《ぶんけん》…。
カチャッ
百年以上《ひゃくねんいじょう》も前《まえ》の記録《きろく》なんだけどさ…。

これ…!!
それは、昔《むかし》あの場所《ばしょ》で
人食《ひとく》いグマの山《やま》
漁港《ぎょこう》の静《しず》かな村《むら》でおきた凄惨《せいさん》な事件《じけん》。悪天候《あくてんこう》が続《つづ》き、作物《さくもつ》が育《そだ》たなかった年《とし》に、その事件《じけん》はおきた。食《た》べるものがなく飢《う》えたクマが山《やま》を下《お》り、次々《つぎつぎ》と人《ひと》を襲《おそ》った。その被害者《ひがいしゃ》は……………………
飢《う》えたヒグマが次々《つぎつぎ》と人《ひと》を食《く》い殺《ころ》したというものでした。
そんな場所《ばしょ》だったなんて…。
人食《ひとく》いグマは、ハンターに頭《あたま》を撃《う》ち抜《ぬ》かれ、
山《やま》の奥《おく》で息絶《いきた》えたそうです。
舞衣《まい》が見《み》たのは、被害者《ひがいしゃ》の霊《れい》だったのかな…。

…でも、
どうして
襲《おそ》いかかって…。
ハッ
そういえば、
あの女《おんな》の人《ひと》の頭《あたま》…。
何《なに》かに
撃《う》ち抜《ぬ》かれていたような…。
人《ひと》の形《かたち》はしていたけれど、
もしかしたら、
殺《ころ》されたクマ
だったのかも
しれない…。
いつの間《ま》にか、
すっかり忘《わす》れられた
過去《かこ》だけど…、
人食《ひとく》いグマはあの場所《ばしょ》で
人《ひと》の姿《すがた》を借《か》りて
獲物《えもの》をねらい、
今《いま》も人間《にんげん》を
食《た》べようとしている
のでしょうか…。
ぐ…。
ぐあ…。
あああ。

山《やま》・海《うみ》でおこった怖《こわ》い話《はなし》

第《だい》4話《わ》

トンネルの女《おんな》

みかん畑《ばたけ》が広《ひろ》がる山間部《さんかんぶ》に入《はい》る峠道《とうげみち》を下《くだ》ったところにY《ワイ》トンネルがあります。

そのトンネルは、いつの頃《ころ》からか、幽霊《ゆうれい》が出《で》るといううわさがありました。

みかん畑《ばたけ》で仕事《しごと》を終《お》えた農家《のうか》の人《ひと》やそのトンネルを車《くるま》で通《とお》ったドライバーからも目撃《もくげき》の話《はなし》がなくなりません。

怖《こわ》いもの見《み》たさの航《わたる》くんですが、

一人《ひとり》で行《い》くのは怖《こわ》いので友《とも》だちの将太《しょうた》くんに
「いっしょにY《ワイ》トンネルに行《い》ってみようよ。」と声《こえ》をかけました。
将太《しょうた》くんも興味《きょうみ》があったのですが、
一人《ひとり》で行《い》くのはちょっとと思《おも》っていたので、
興味本位《きょうみほんい》で『航《わたる》といっしょだったらOK《オーケイ》！』と、
二人《ふたり》でY《ワイ》トンネルに行《い》くことにしました。
Y《ワイ》トンネルのあたりは民家《みんか》もなく闇《やみ》が広《ひろ》がるだけです。
少《すこ》し歩《ある》くと、航《わたる》くんたちの前《まえ》に
Y《ワイ》トンネルが見《み》えてきました。
航《わたる》くんたちは、おっかなびっくり、のぞいてみました。
もっと人《ひと》がいるのかなと想像《そうぞう》していたのですが、
トンネルの入《い》り口《ぐち》付近《ふきん》にも、中《なか》にも人影《ひとかげ》はありません。

「ぼくたちだけじゃん、こわっ！」

そう、航《わたる》くんが怖《こわ》さをまぎらわそうとしゃべったときでした。

「!!」

トンネル内《ない》にだれかがいるようなのです。

そこに立《た》っていたのは、

白《しろ》くぼやけて光《ひか》る、若《わか》い女《おんな》です。

垂《た》れて乱《みだ》れた長《なが》い髪《かみ》。赤《あか》いセーター。暗《くら》めの色《いろ》のロングスカート。

『これが、もしかして……。』

航《わたる》くんがそう思《おも》ってよく見《み》ると、

女《おんな》には……、足《あし》がない。

ロングスカートはしっかりと見《み》えているのですが、

その下《した》にあるはずの両足《りょうあし》がなく、
向《む》こうの景色《けしき》が透《す》けて見《み》えている!!

しかも、女《おんな》は赤《あか》いセーターを着《き》ていたのではない！

その女《おんな》の胴体《どうたい》だけが、
赤《あか》く発光《はっこう》しているのです!!!

これはもう、この世《よ》のものではないとわかった航《わたる》くんたちは、
一目散《いちもくさん》にそのトンネルを後《あと》にしました。

Y《ワイ》トンネルで目撃《もくげき》される幽霊《ゆうれい》は、ほぼ全《すべ》て同《おな》じで、

「胴体《どうたい》が赤《あか》いセーターを着《き》ているかのように
発光《はっこう》する。」

と証言《しょうげん》され、
週刊誌《しゅうかんし》やテレビのワイドショーにも
取《と》り上《あ》げられるほどでした。

赤《あか》く光《ひか》る幽霊《ゆうれい》が現《あらわ》れだした時期《じき》は、
近《ちか》くの山荘《さんそう》で女性《じょせい》の殺人事件《さつじんじけん》があってからです。

そのため、地元《じもと》の人々《ひとびと》は、

「殺《ころ》された女性《じょせい》が今《いま》もなおさまよっているのでは？」

と、うわさをしているそうです。

山《やま》・海《うみ》でおこった怖《こわ》い話《はなし》

第《だい》5話《わ》

体《からだ》が動《うご》かない

修学旅行《しゅうがくりょこう》で高原《こうげん》の湖《みずうみ》に行《い》ったときに遥《はるか》さんが体験《たいけん》した話《はなし》です。

湖《みずうみ》は街《まち》からはずれた山《やま》の中《なか》ですが、湖《みずうみ》のほとりに建《た》っているホテルまでは道路《どうろ》が整備《せいび》されていて、快適《かいてき》なバスの旅《たび》でした。

ホテルに着《つ》くと、目《め》の前《まえ》には美《うつ》しい景色《けしき》が広《ひろ》がっていました。

部屋《へや》にリュックを置《お》いてからは、楽《たの》しい昼食《ちゅうしょく》です。

遥《はるか》さんも仲良《なかよ》し三人組《さんにんぐみ》の愛《あい》さん、由香《ゆか》さんや班《はん》のみんなといっしょにワイワイ楽《たの》しい食事《しょくじ》をしました。

食事《しょくじ》が終《お》わるとしばらく休《やす》んでから、各班《かくはん》に分《わ》かれて、湖《みずうみ》の周辺《しゅうへん》に咲《さ》いている花《はな》などを観察《かんさつ》することになりました。

夕方《ゆうがた》まで、けっこう湖《みずうみ》の周《まわ》りを歩《ある》いたので、遥《はるか》さんもみんなもさすがに疲《つか》れました。

ホテルの部屋《へや》は和室《わしつ》で、遥《はるか》さんの班《はん》は八人部屋《はちにんべや》で寝《ね》ることになりました。一日目《いちにちめ》は、みんな疲《つか》れてしまい、ぐっすり眠《ねむ》ってしまいました。


そのできごとがおきたのは、二日目《ふつかめ》の夜《よる》でした。

みんなで大騒《おおさわ》ぎをした後《あと》、消灯《しょうとう》の時間《じかん》になったので、みんなで「おやすみ…。」の声《こえ》をかけて照明《しょうめい》を消《け》しました。

しばらくして、周《まわ》りを見《み》ると、みんなはもう眠《ねむ》っていました。遥《はるか》さんも、そのうちにスーッと眠《ねむ》ってしまいました。

どれくらい時間《じかん》がたったのか、枕元《まくらもと》で奇妙《きみょう》な音《おと》が鳴《な》り始《はじ》め、遥《はるか》さんは目覚《めざ》めました。


〝ツツッー…スッ…スー…〟


だれかがたたみの上《うえ》を、ひざをすりながら移動《いどう》する音《おと》がします。

『ん？…あ、そうか…だれか水《みず》でも飲《の》みに起《お》きたのか…私《わたし》も飲《の》もうかな…。』

そう思《おも》った遥《はるか》さんは、起《お》きようとしました。

しかし…なぜか起《お》き上《あ》がれません！

起《お》き上《あ》がれないというより、
体《からだ》が全《まった》く動《うご》かない…！

『え…？　何《なん》なの！』
一生懸命《いっしょうけんめい》体《からだ》を動《うご》かそうとするのですが
全《まった》く動《うご》けない！　声《こえ》も出《で》ない！

金縛《かなしば》りだ！

『あれ？　何《なに》これ？』
目《め》を開《あ》けた遥《はるか》さんの視界《しかい》に入《はい》ったもの。
それは暗闇《くらやみ》でした。
上下左右《じょうげさゆう》に目《め》を動《うご》かしますが、
部屋《へや》の中《なか》は真《ま》っ暗《くら》です。

『確《たし》かオレンジ色《いろ》の明《あ》かりが…だれか
消《け》したのかな…？』
すると突然《とつぜん》！
〝ジャリッ……
ジャリジャリッ……〟
遥《はるか》さんの頭《あたま》が何《なに》かに
上《うえ》から押《お》され始《はじ》めました。
『イタ～イ！』
枕《まくら》に頭《あたま》がめり込《こ》むほど、
強《つよ》い力《ちから》で
頭《あたま》が押《お》されるのです。

『イタ〜イ！！』
すると、遥《はるか》さんの目《め》の前《まえ》に
何《なに》かが見《み》え始《はじ》めました。
『何《なに》これ…いやいや、
怖《こわ》いって…まずいって…見《み》ちゃダメかも。』
痛《いた》さを我慢《がまん》しながら、遥《はるか》さんは
力《ちから》を込《こ》めてまぶたを閉《と》じました。
ですが…
その閉《と》じたまぶたを、
何《なに》かがこじ開《あ》けようと
してきます！
必死《ひっし》に抵抗《ていこう》する遥《はるか》さん。

〝ジャリッ…
ジャリジャリッ
…ジャリッ！〟
『イタイ！』
上《うえ》から押《お》される痛《いた》さにこらえきれず、
ついに目《め》を開《あ》けてしまいました！
『え？…
う…うわぁ――っ!!』
目《め》の前《まえ》にあったもの。
それは……

見《み》知《し》らぬ女《おんな》の人《ひと》の顔《かお》です。

灰色《はいいろ》がかった顔色《かおいろ》で、
目《め》はうつろでどこを見《み》ているのか

その視線《しせん》がつかめない表情《ひょうじょう》。
ですが…ニヤリと薄笑《うすわら》いを浮《う》かべながら、
グイグイ！と、額《ひたい》を遥《はるか》さんの額《ひたい》に
押《お》しつけていたのです！

その女《おんな》と遥《はるか》さんの顔《かお》の距離《きょり》は鼻先《はなさき》が
ふれ合《あ》うくらいしか離《はな》れておらず、
女《おんな》の長《なが》い髪《かみ》がスッポリと遥《はるか》さんの
顔全体《かおぜんたい》をおおい隠《かく》していました！

目《め》が覚《さ》めたとき、オレンジ色《いろ》の明《あ》かりが
隠《かく》されて、目《め》の前《まえ》が真《ま》っ暗《くら》だったのだ……
と、そのときにわかったそうです。

太《ふと》くて硬《かた》いその髪《かみ》の感触《かんしょく》は、
遥《はるか》さんのほおや首すじにしっかりと
感《かん》じられました。
そんな中《なか》、突然《とつぜん》、けいれんのような
震《ふる》えが襲《おそ》ってきました。

遥《はるか》さんは、そのまま
気《き》を失《うしな》って
しまったそうです…。

「遥《はるか》、起《お》きてよ！　朝食《ちょうしょく》に行《い》くよ。」
愛《あい》さんと由香《ゆか》さんがふとんを
片《かた》づけながら起《お》こしてくれました。

「もうこんな時間《じかん》か…。」
ふたたび目《め》が覚《さ》めたとき、
体《からだ》も動《うご》くし、声《こえ》も出《だ》せました。
「遥《はるか》、夜中《よなか》、うなされていたようだけど

大丈夫《だいじょうぶ》？」
「う〜ん、何《なん》かいやな夢《ゆめ》を見《み》ちゃった……。
でも、何《なん》だったんだろう……。」
遥《はるか》さんが起《お》き上《あ》がり、
ふとんを片《かた》づけようとしたときでした。
「え……？　何《なに》これ！
え……？　夢《ゆめ》じゃなかったの……？」
遥《はるか》さんの枕元《まくらもと》には、
長《なが》い髪《かみ》の毛《け》が五《ご》〜六本《ろっぽん》
落《お》ちていたそうです。
もちろん、遥《はるか》さんたちにはそんな
長《なが》い髪《かみ》の人《ひと》はいませんでした。

波《なみ》打《う》ち際《ぎわ》にいたのは!?

優那《ゆうな》さんが夏《なつ》の臨海学校《りんかいがっこう》で海沿《うみぞ》いの民宿《みんしゅく》に泊《と》まったときのことです。

晩《ばん》ご飯《はん》を食《た》べた後《あと》、みんなで花火《はなび》をやろうということになり、優那《ゆうな》さんたちは、引率《いんそつ》の先生《せんせい》と夜《よる》の砂浜《すなはま》へ行《い》きました。

夜《よる》の砂浜《すなはま》は人気《ひとけ》もなく、波《なみ》の音《おと》が響《ひび》くだけです。

「砂浜《すなはま》は私《わたし》たちの貸《か》し切《き》りだね!」

優那《ゆうな》さんたちは、ちょっぴりはしゃぎながら、みんなで花火《はなび》を始《はじ》めました。

十分《じっぷん》ほど、色《いろ》とりどりに変《か》わる花火《はなび》を楽《たの》しんだ頃《ころ》でしょうか、
ふと、優那《ゆうな》さんが、波打《なみう》ち際《ぎわ》を見《み》たとき、
そこを行《い》ったり来《き》たりしている、何《なに》かが目《め》に入《はい》ってきました。
それは、ちょうど高《たか》さが三十《さんじっ》センチ位《くらい》の黒《くろ》いもので、
波打《なみう》ち際《ぎわ》を複数《ふくすう》で右往左往《うおうさおう》しているように見《み》えました。

優那《ゆうな》さんは思《おも》わず

「あ!!　ペンギンがたくさん歩《ある》いてる!」と

見《み》たままの印象《いんしょう》でさけんでしまいました。
その声《こえ》を聞《き》きつけたクラスメートたちは
「どこどこ!?」と、あたりを見《み》ますが…、

クラスメートたちの目《め》には何《なに》も見《み》えません。

そもそも日本《にほん》の砂浜《すなはま》にペンギンはいないのです。

「何《なに》もいないじゃん！」

「優那《ゆうな》、見《み》まちがえたんでしょう？」

優那《ゆうな》さんは、

「えー？　いるよ！　何《なん》で見《み》えないのよ!!」

クラスメートたちにはなぜ見《み》えないのか？

不思議《ふしぎ》に思《おも》いながら、

優那《ゆうな》さんは再《ふたた》び目《め》を凝《こ》らして波打《なみう》ち際《ぎわ》を見《み》ました。

すると、ペンギンだと思《おも》っていたものの正体《しょうたい》が

ようやくわかりました…。

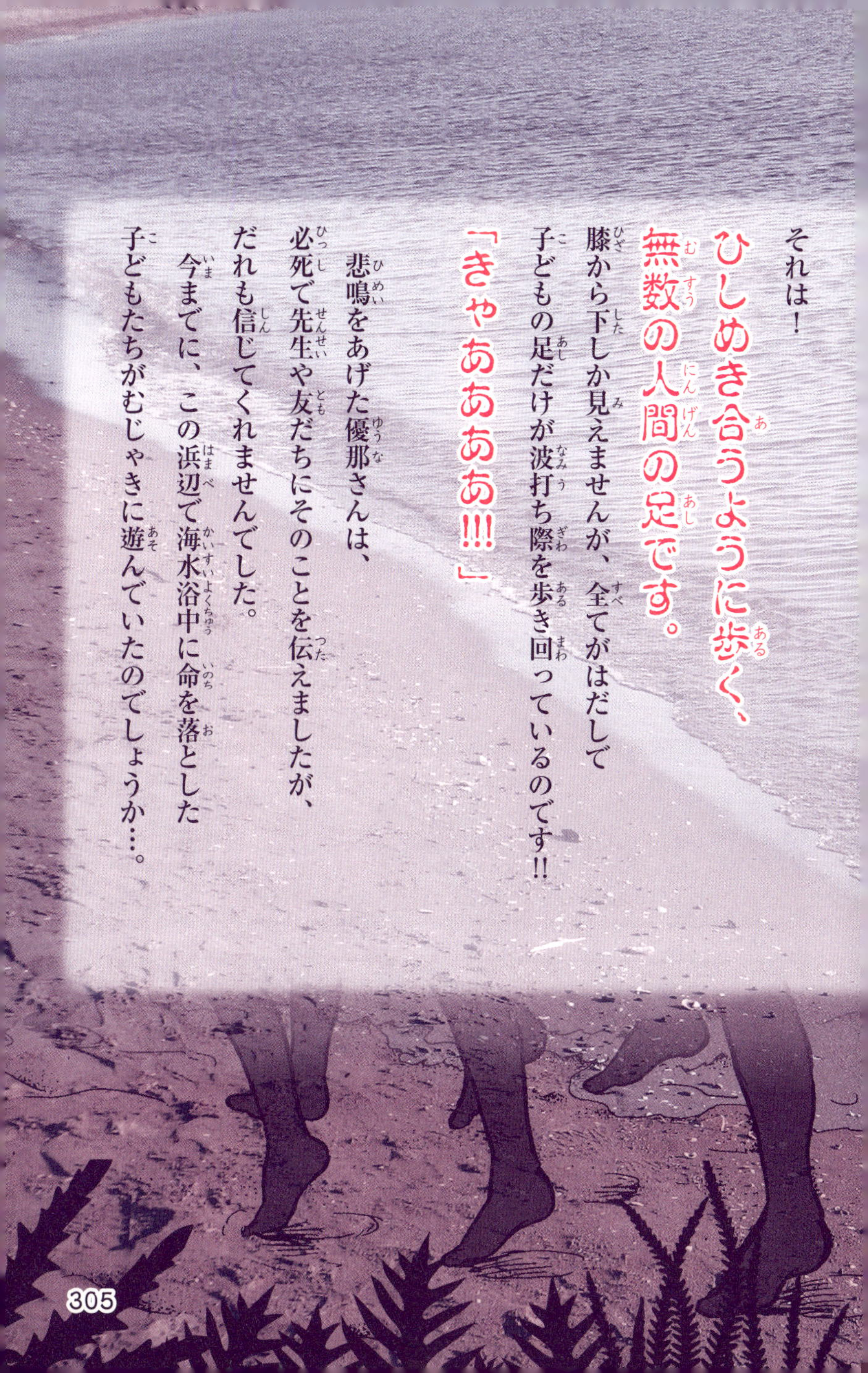

それは！

ひしめき合《あ》うように歩《ある》く、
無数《むすう》の人間《にんげん》の足《あし》です。

膝《ひざ》から下《した》しか見《み》えませんが、全《すべ》てがはだしで
子《こ》どもの足《あし》だけが波打《なみう》ち際《ぎわ》を歩《ある》き回《まわ》っているのです!!

「きゃああああ!!!」

悲鳴《ひめい》をあげた優那《ゆうな》さんは、
必死《ひっし》で先生《せんせい》や友《とも》だちにそのことを伝《つた》えましたが、
だれも信《しん》じてくれませんでした。
今《いま》までに、この浜辺《はまべ》で海水浴中《かいすいよくちゅう》に命《いのち》を落《お》とした
子《こ》どもたちがむじゃきに遊《あそ》んでいたのでしょうか…。

私《わたし》には、2歳下《さいした》の妹《いもうと》がいます。同級生《どうきゅうせい》でいとこの佳奈《かな》ちゃんにも2歳下《さいした》の妹《いもうと》がいます。
お母《かあ》さん
頼子《よりこ》
姉妹《しまい》
お母《かあ》さん
綾子《あやこ》
親子《おやこ》
親子《おやこ》
いとこ
妹《いもうと》
私《わたし》（涼《りょう》）
佳奈《かな》
妹《いもうと》
そして、お母《かあ》さん同士《どうし》も姉妹《しまい》なので、みんなとても仲良《なかよ》しです。
夏休《なつやす》みにみんなで、旅行《りょこう》に行《い》くことになりました。
山・海《うみ》でおこった怖《こわ》い話《はなし》 第《だい》7話《わ》
人形《にんぎょう》のひみつ
沖野 蓮
山《やま》のホテル
ねえ、みんな遊《あそ》びに行《い》こうよ。
さんせーい!!
すぐに夕飯《ゆうはん》だから、あまり遠《とお》くに行《い》かないでね。
うん、すぐ帰《かえ》るからー。

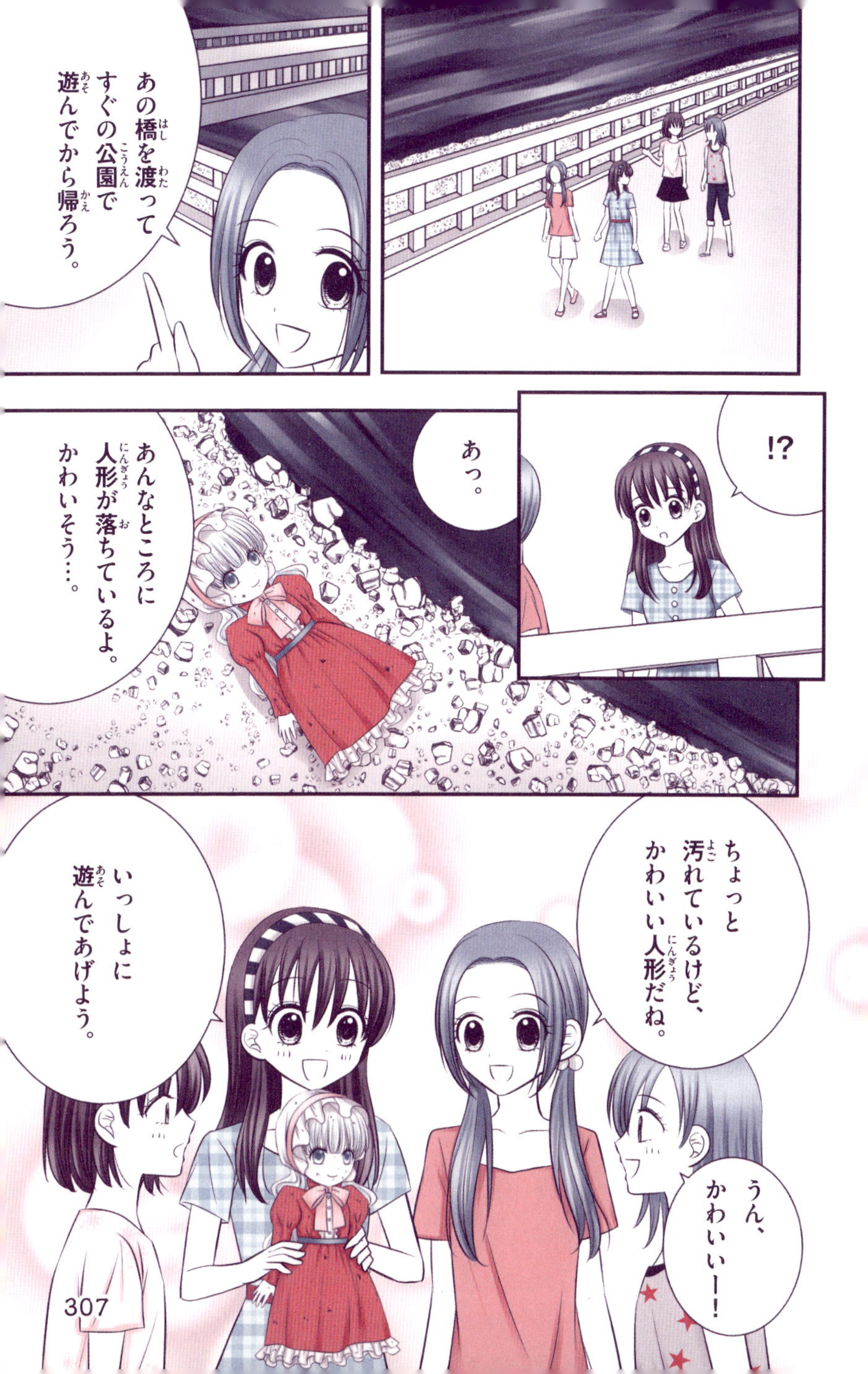
あの橋《はし》を渡《わた》って
すぐの公園《こうえん》で
遊《あそ》んでから帰《かえ》ろう。
!?
あっ。
あんなところに
人形《にんぎょう》が落《お》ちているよ。
かわいそう…。
ちょっと
汚《よご》れているけど、
かわいい人形《にんぎょう》だね。
うん、
かわいいー!
いっしょに
遊《あそ》んであげよう。

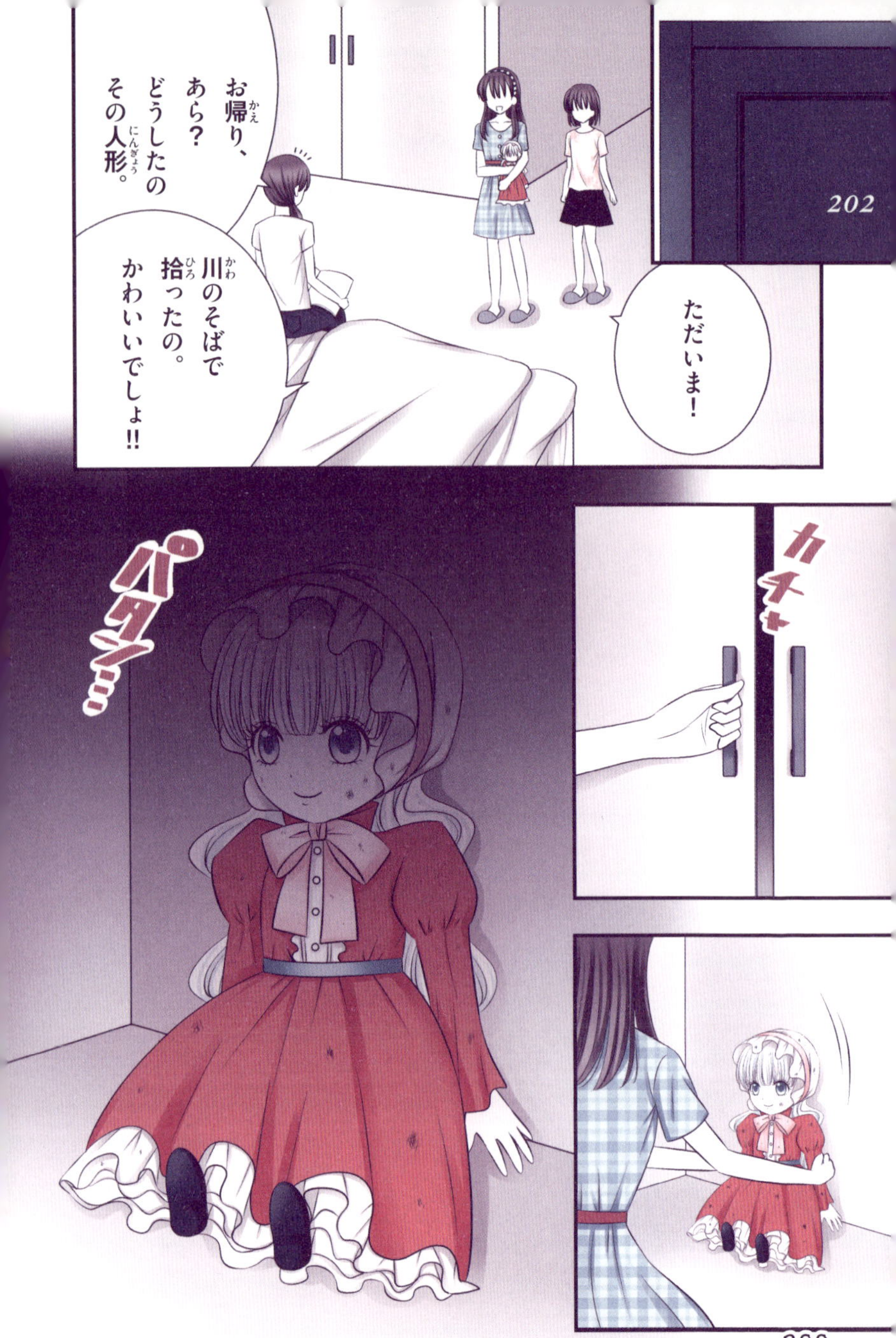
202
ただいま!
お帰《かえ》り、
あら?
どうしたの
その人形《にんぎょう》。
川《かわ》のそばで
拾《ひろ》ったの。
かわいいでしょ!!
カチャ
パタン…

その夜《よる》――。
トントントン…
何《なん》だろ、外《そと》からかな…。
苦《くる》しくてしゃべれないわ…。
えっ!?
トントントン…

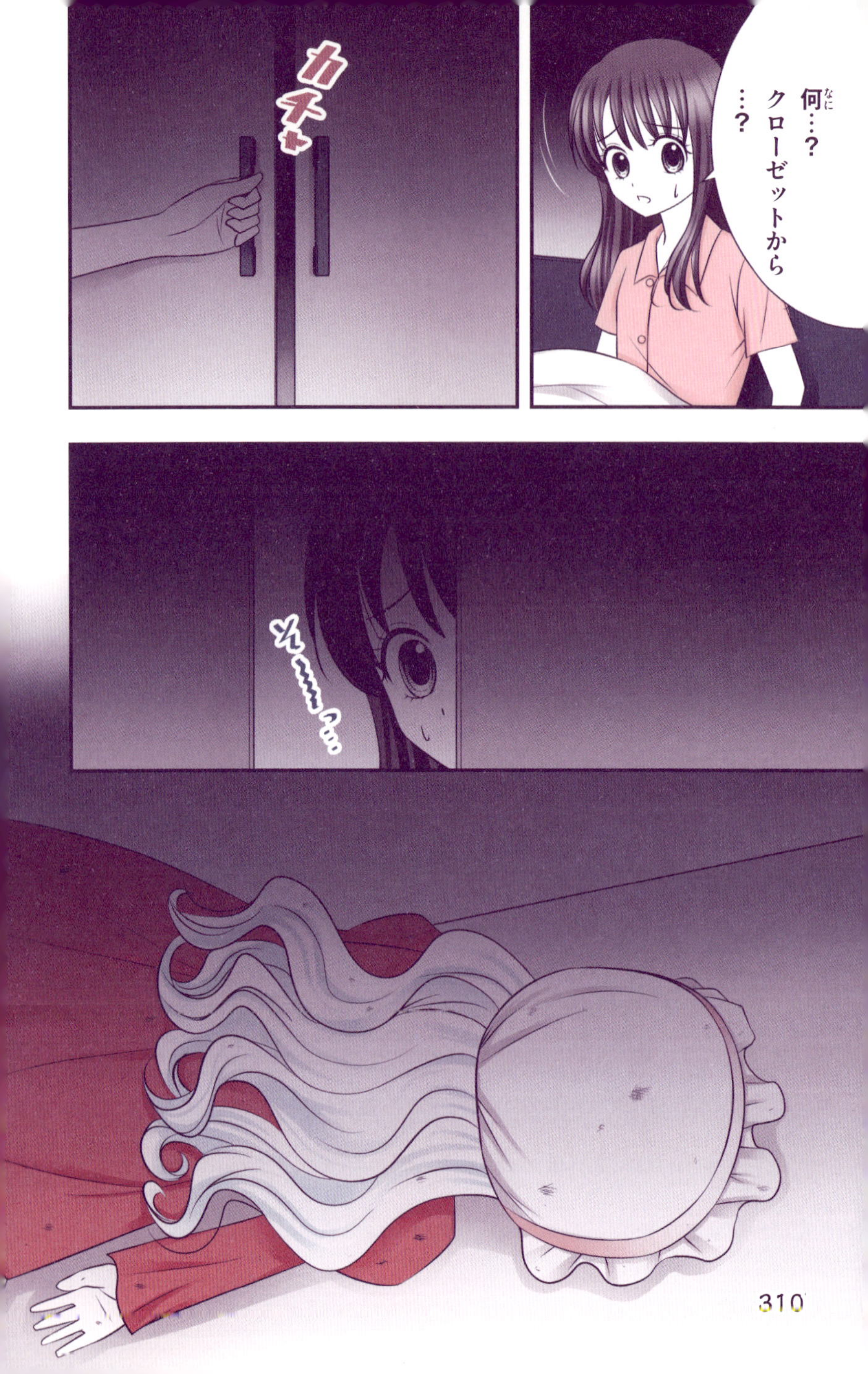
何《なに》…？
クローゼットから…？
カチャ
そ〜〜〜っ…

あっ…。
お人形《にんぎょう》、倒《たお》れてる。
まさか人形《にんぎょう》がノックして、しゃべったということはないよね…。
パタン…
ありがとう…、この姿勢《しせい》なら大丈夫《だいじょうぶ》。
今日《きょう》はいっしょに遊《あそ》んでくれて、とても楽《たの》しかったよ。
私《わたし》を大切《たいせつ》にしてくれてありがとう…。
だれっ？あのお人形《にんぎょう》がしゃべっているの？
でも、きっと夢《ゆめ》だよね…。

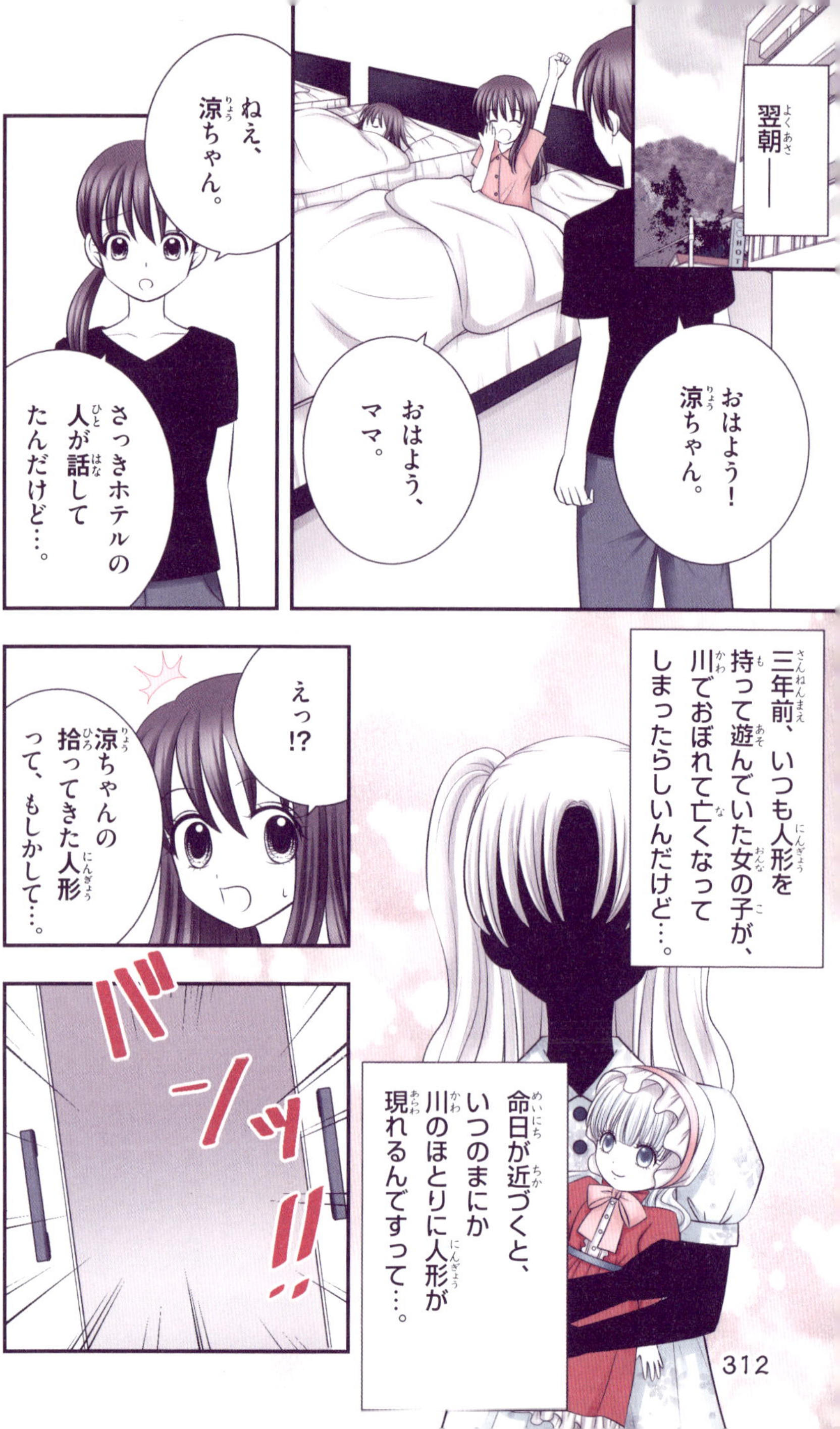

翌朝《よくあさ》──

おはよう！涼《りょう》ちゃん。

おはよう、ママ。

ねえ、涼《りょう》ちゃん。

さっきホテルの人《ひと》が話《はな》してたんだけど…。

三年前《さんねんまえ》、いつも人形《にんぎょう》を持《も》って遊《あそ》んでいた女《おんな》の子《こ》が、川《かわ》でおぼれて亡《な》くなってしまったらしいんだけど…。

命日《めいにち》が近《ちか》づくと、いつのまにか川《かわ》のほとりに人形《にんぎょう》が現《あらわ》れるんですって…。

えっ!?

涼《りょう》ちゃんの拾《ひろ》ってきた人形《にんぎょう》って、もしかして…。

バーンッ!!

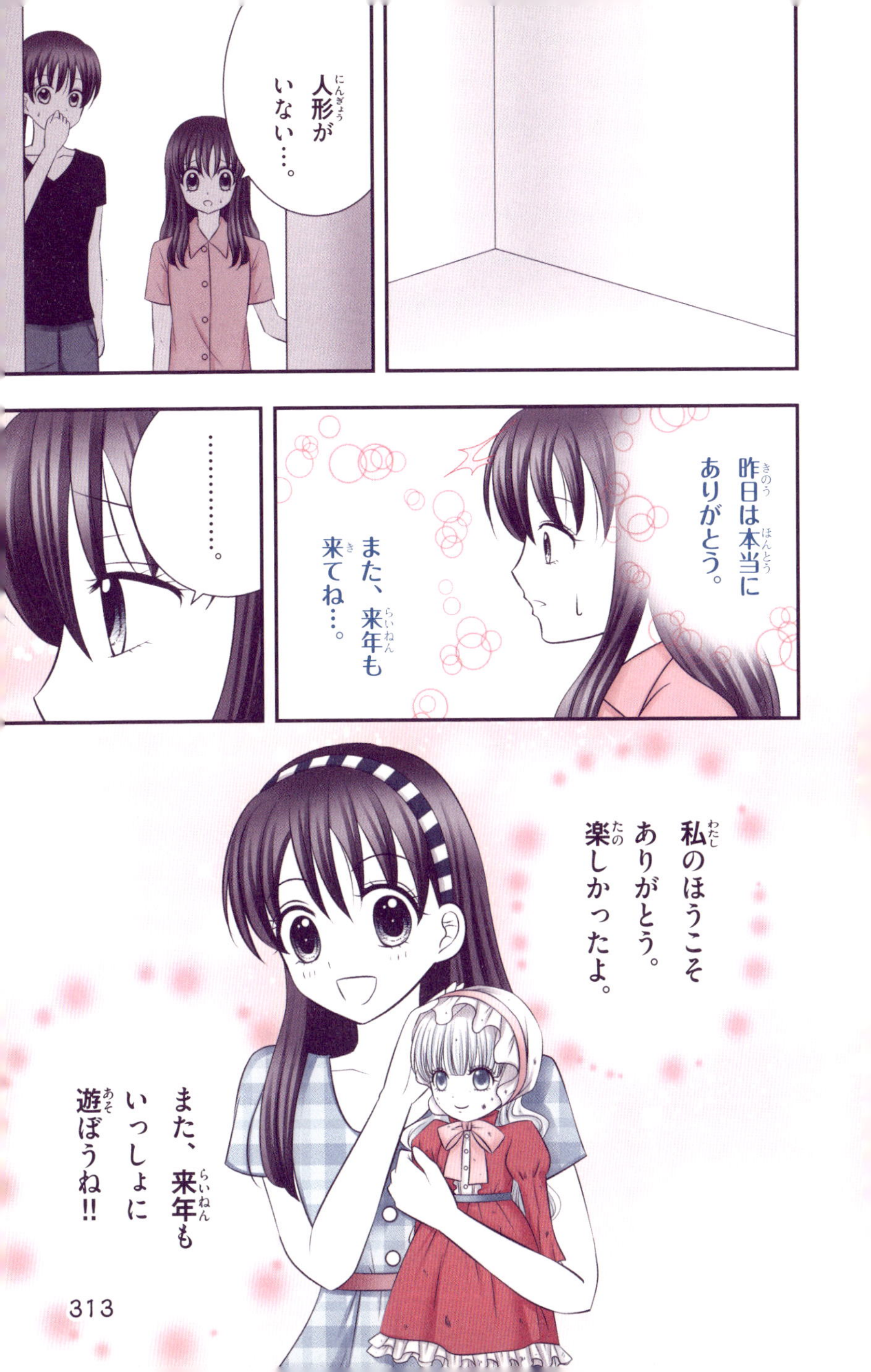
人形《にんぎょう》がいない…。
昨日《きのう》は本当《ほんとう》にありがとう。
また、来年《らいねん》も来《き》てね…。
…………。
私《わたし》のほうこそありがとう。楽《たの》しかったよ。
また、来年《らいねん》もいっしょに遊《あそ》ぼうね!!

★霊《れい》のお話《はなし》★

ここで紹介《しょうかい》する四《よっ》つの霊《れい》の他《ほか》に、乗《の》り物《もの》や人形《にんぎょう》などに取《と》り憑《つ》く霊《れい》で「物霊《ぶつれい》」、『その人《ひと》の人生《じんせい》が良《よ》い方向《ほうこう》へと進《すす》むように』見守《みまも》り続《つづ》けてくれる「守護天使《しゅごてんし》」などの霊《れい》がいます。

●守護霊《しゅごれい》・背後霊《はいごれい》

人《ひと》を病気《びょうき》や事故《じこ》、または悪《わる》い霊《れい》から守《まも》ってくれているのが「守護霊《しゅごれい》・背後霊《はいごれい》」です。守護霊《しゅごれい》には、その人《ひと》の先祖《せんぞ》や昔《むかし》に飼《か》っていた動物《どうぶつ》などの霊《れい》がいます。一人《ひとり》に一霊《いちれい》の場合《ばあい》もあれば、複数憑《ふくすうつ》いている場合《ばあい》もあります。

危険度《きけんど》☆☆☆
守《まも》ってくれているので、危険度《きけんど》は0。

遭遇度《そうぐうど》★★★
背後《はいご》から常《つね》に守《まも》ってくれているのですから、毎日遭遇《まいにちそうぐう》していることになります。感謝《かんしゃ》の意味《いみ》をこめて『おはよう・おやすみ』のあいさつや、年《ねん》に二回《にかい》（お盆《ぼん》とお彼岸《ひがん》）のお墓参《はかまい》りは大切《たいせつ》です。また、両親《りょうしん》から先祖《せんぞ》の話《はなし》を聞《き》いたり、写真《しゃしん》を見《み》せてもらうようにしましょう。写真《しゃしん》の中《なか》に、きっと今《いま》はあなたの守護霊《しゅごれい》となっている先祖《せんぞ》がいるはずです。

●地《じ》縛《ばく》霊《れい》

思《おも》いがけない死《し》（事《じ》故《こ》や事件《じけん》、戦争《せんそう》など）をなかなか受《う》け入《い》れることができないで、その死《し》に対《たい》する苦《くる》しみや怒《いか》りが強《つよ》い怨《うら》みとなり、成仏《じょうぶつ》することを拒《こば》み続《つづ》ける霊《れい》です。また、地《じ》縛霊《ばくれい》は死《し》んだ場所《ばしょ》に強《つよ》くひかれるので、その場所《ばしょ》から離《はな》れずにずっと怨《うら》んでいます。

危険度《きけんど》★★★

近《ちか》づく人間《にんげん》にはあらゆる手段《しゅだん》を使《つか》って怨《うら》みをぶつけてくるので、危険度《きけんど》はマックス。

遭遇度《そうぐうど》★★★

やはり遭遇度《そうぐうど》ナンバーワンは、心霊《しんれい》スポットでしょう。場所《ばしょ》が特定《とくてい》されているので、そこに憑《つ》く霊《れい》はまちがいなく地縛《じばく》霊《れい》です。他《ほか》には、交通量《こうつうりょう》はたいしたことがないのに、事故《じこ》がたびたびおこる交差《こうさ》点《てん》や、以前《いぜん》に殺人事件《さつじんじけん》などがあった場所《ばしょ》やその付近《ふきん》になります。もしも取《と》り憑《つ》かれてしまったら、必《かなら》ずおはらいをしましょう。

●浮遊霊《ふゆうれい》

自分《じぶん》が死《し》んだことに全《まった》く気《き》がついていないのが浮遊霊《ふゆうれい》です。地縛霊《じばくれい》と区別《くべつ》しにくいのですが、地縛霊《じばくれい》に比《くら》べて、その死《し》に対《たい》して苦《くる》しみや怒《いか》りがいっさいないことが大《おお》きな特徴《とくちょう》です。人《ひと》が生活《せいかつ》しているように自由《じゆう》に移動《いどう》しています。

危険度《きけんど》★☆☆

苦《くる》しみや怒《いか》りがないと言《い》っても、成仏《じょうぶつ》していないので危険度《きけんど》はあります。

遭遇度《そうぐうど》★☆☆

自由《じゆう》に動《うご》き回《まわ》っているので、地縛霊《じばくれい》ほど遭遇度《そうぐうど》は高《たか》くありません。ただし、自分《じぶん》という存在《そんざい》に興味《きょうみ》を持《も》たれると大変《たいへん》です。霊《れい》の訴《うった》えは苦《くる》しみや怒《いか》りだけではありません。死《し》んだことに気《き》がついていないわけですから、『おなかがすいた』とか『テレビが見《み》たい』、『お友《とも》だちになりませんか？』などの思《おも》いに気《き》がつかないと、〝逆《ぎゃく》ギレ〟されます。

●動物霊《どうぶつれい》

動物霊《どうぶつれい》には、良《よ》い霊《れい》と悪《わる》い霊《れい》がいます。良《よ》い霊《れい》は、守護霊《しゅごれい》になったり、土地神様《とちがみさま》の下《した》についたりします。悪《わる》い霊《れい》とは、ある種《しゅ》の地縛霊《じばくれい》のことです。人間《にんげん》に考《かんが》えていることを伝《つた》えるのが難《むずか》しいので、霊《れい》のいら立《だ》ちが強《つよ》くなると、とても危険《きけん》になります。

危険度《きけんど》★★★（悪霊《あくりょう》の場合《ばあい》）

『一寸《いっすん》の虫《むし》にも五分《ごぶ》の魂《たましい》』ということわざにもあるとおり、全《すべ》ての生《い》き物《もの》には魂《たましい》があり、死《し》んだら霊《れい》となります。その死《し》に方《かた》が正《ただ》しいものなら何《なに》も問題《もんだい》はありませんが、現代社会《げんだいしゃかい》においては、動物《どうぶつ》たちの悲《かな》しい死《し》の報告《ほうこく》がたくさんあります。このたくさんの悲劇《ひげき》がなくならない限《かぎ》り、悪《あく》となった動物霊《どうぶつれい》たちも、またなくなりはしないでしょう。

遭遇度《そうぐうど》★☆☆

もともと人《ひと》と違《ちが》うので、遭遇《そうぐう》する機会《きかい》は多《おお》くはありません。

いろんな災《わざわ》いをもたらす霊《れい》は天国《てんごく》に行《い》けなくて苦《くる》しんでいる霊《れい》です。霊《れい》たちは自分《じぶん》の苦《くる》しみを、生《い》きている人間《にんげん》に気《き》づいてもらい、成仏《じょうぶつ》させてほしいというサインを出《だ》しています。だから優《やさ》しい人間《にんげん》や霊《れい》の感情《かんじょう》に同情《どうじょう》しやすい人間《にんげん》に取《と》り憑《つ》いていろいろな悪《わる》いことを立《た》て続《つづ》けにおこすのです。

《霊《れい》に憑《つ》かれたときに霊《れい》をおいはらう方法《ほうほう》》

霊《れい》はまわりにいっぱいいるので、霊《れい》のことを考《かんが》えるだけで霊《れい》が寄《よ》ってくるよ。急《きゅう》に調子《ちょうし》が悪《わる》くなったり、運気《うんき》が低迷《ていめい》したと感《かん》じたときに自分《じぶん》でできる霊《れい》をおいはらう方法《ほうほう》だよ。

1 念《ねん》じる…「私《わたし》にはあなたを天国《てんごく》へ行《い》かせることはできないので、神様《かみさま》に天国《てんごく》へ連《つ》れて行《い》ってもらってください。」と心《こころ》から念《ねん》じる。

2 線香《せんこう》…自宅《じたく》で線香《せんこう》をたく。線香《せんこう》の煙《けむり》には、煙《けむり》の流《なが》れにのって霊《れい》が天《てん》空《くう》へ上《あ》がって行《い》き霊《れい》が成仏《じょうぶつ》しやすくなる。

❸**塩《しお》…**体《からだ》に塩《しお》をかけて浄化《じょうか》する。玄関先《げんかんさき》にも塩《しお》をまく。部屋《へや》の四隅《よすみ》に盛《も》り塩《じお》をする。

❹**近《ちか》くの寺《てら》や神社《じんじゃ》へ参拝《さんぱい》に行《い》く…**「不浄《ふじょう》なものや霊障《れいしょう》を、祓《はら》ってください。」とお祈《いの》りする。

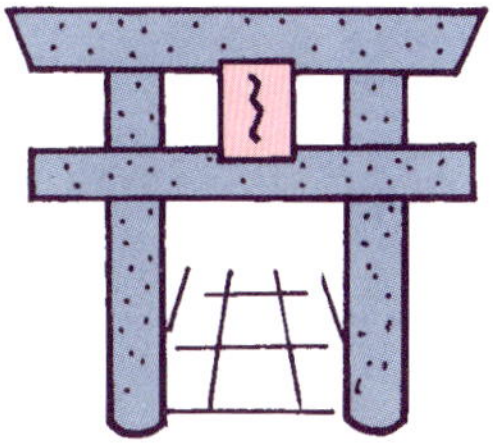

《霊《れい》が取《と》り憑《つ》きにくい人《ひと》とは》

❶霊《れい》に同情《どうじょう》しない。

❷肝《きも》だめしをしたり心霊《しんれい》スポットに行《い》かない。

❸あまり霊《れい》のことを考《かんが》えない。

❹人《ひと》に恨《うら》みや妬《ねた》みを持《も》たない。

❺人《ひと》やものに強《つよ》く執着《しゅうちゃく》しない。

❻人《ひと》を陥《おとし》れようと策略《さくりゃく》しない。

❼神仏《しんぶつ》の祀《まつ》り方《かた》が正《ただ》しく行《おこな》われている。

❽日頃《ひごろ》から神社《じんじゃ》や寺《てら》などへ行《い》ってお祈《いの》りしている。

❾自分《じぶん》のすべき仕事《しごと》や勉強《べんきょう》をきちんとやっている。

■監修／宮崎敦司
■執筆／宮崎敦司　上田 歩　嵩瀬ひろし
■カバーイラスト／Shoyu
■まんが／沖野 蓮　かわぐちけい　沢音千尋
■イラスト／沖野 蓮　シャポーまりん　Shoyu
聖原玲音　嵩瀬ひろし
■協力／林 芳仁　HY　岡田 望
■カバーデザイン／久野 繁
■本文デザイン／スタジオQ's
■編集／ビーアンドエス

本書の内容に関するお問い合わせは、**書名、発行年月日、該当ページを明記**の上、書面、FAX、お問い合わせフォームにて、当社編集部宛にお送りください。**電話によるお問い合わせはお受けしておりません。**また、本書の範囲を超えるご質問等にもお答えできませんので、あらかじめご了承ください。
FAX：03−3831−0902
お問い合わせフォーム：http://www.shin-sei.co.jp/np/contact-form3.html

本当《ほんとう》に怖《こわ》い話《はなし》MAX《マックス》
監修者　宮崎敦司
発行者　富永靖弘
印刷所　株式会社高山
発行所　東京都台東区台東2丁目24　株式会社 新星出版社
〒110-0016 ☎03(3831)0743

ISBN978-4-405-07185-8